平台市场中的
商业模式与顾客行为：
基于知识图谱的理论视角

唐尧 著

WUHAN UNIVERSITY PRESS
武汉大学出版社

图书在版编目(CIP)数据

平台市场中的商业模式与顾客行为：基于知识图谱的理论视角/唐尧著.—武汉：武汉大学出版社，2022.11

ISBN 978-7-307-23327-0

Ⅰ.平…　Ⅱ.唐…　Ⅲ.互联网络—应用—商业—模式—研究　Ⅳ.F71-39

中国版本图书馆 CIP 数据核字(2022)第 179603 号

责任编辑：胡　艳　　责任校对：李孟潇　　版式设计：马　佳

出版发行：**武汉大学出版社**　（430072　武昌　珞珈山）
（电子邮箱：cbs22@ whu.edu.cn　网址：www.wdp.com.cn）
印刷：武汉邮科印务有限公司
开本：720×1000　1/16　印张：13.75　字数：197 千字　插页：1
版次：2022 年 11 月第 1 版　　2022 年 11 月第 1 次印刷
ISBN 978-7-307-23327-0　　定价：40.00 元

前　　言

2022 年全球市场价值 100 强公司排行榜显示，排名前五位的企业中有四家都为平台企业(苹果、微软、谷歌和亚马逊)。平台市场本身并不是一种全新的市场形态，平台市场在传统的经济活动中已经广泛存在，如百货商场、农贸集市、劳工市场等。在传统的平台市场中，平台企业(如百货商场的运营方)作为市场的创造者，将"卖家"和"买家"连接起来，从而为买卖双方提供交易场所，同时也负责监管买卖双方的交易过程。但由于时间、空间和规模等诸多现实条件的约束，这种线下平台市场的发展往往会受到较大的限制。近三十年来，随着互联网、云计算、人工智能和大数据等技术的快速发展，线上平台市场开始迅速崛起，而本书讨论的正是这种线上平台市场。在这种时代背景之下，许多市值巨大的线上平台企业应运而生，比如美国的苹果、微软、谷歌和亚马逊等，以及中国的淘宝、京东、拼多多和百度等。

虽然线上平台市场与线下平台市场有一些相似之处，但是它们的差异性也显而易见，线上平台市场更加有利于运用数字技术、重构业务流程和创新商业模式，从而突破线下平台市场面临的空间、时间和规模等方面的约束。因此，与传统的线下平台市场相比，线上平台市场极大地降低了市场的交易成本，提高了市场的交易效率。此外，由于线上平台市场的规格更大、参与主体更多，这就使得线上平台市场能够创造更为显著的网络效

1

应。基于企业实践的蓬勃发展，近些年有关平台市场的学术研究不断涌现，但是这些理论成果还相对较分散，目前并没有形成系统的总结。本书选择平台市场中理论研究相对完善、学术成果较为丰富的商业模式和顾客行为两个方面进行文献梳理。本书的内容对致力于进行平台市场相关研究的学者具有较好的参考价值，对从事平台市场相关工作的实践者也具有一定的借鉴意义。同时，本书还可以作为管理类专业的学生了解平台市场相关知识的阅读教材。

本书基于知识图谱的理论视角，运用 Citespace 对平台市场中的商业模式和顾客行为的学术文献进行定量分析。具体而言，本书以 Web of Science 数据库的核心期刊集为数据来源，对相关研究进行了文献检索。为了避免检索中误检和漏检的情况，在参考经典文献和咨询相关专家的前提下，针对研究主题设计了合理的逻辑关系检索式，从而确保检索结果能够尽量全面覆盖该领域的代表性结果。此外，由于本书重点关注管理学领域的相关研究，结合平台市场领域相关研究的特点，分别从管理学的信息管理（Information Management）、市场营销（Marketing）、运营管理（Operations Management）和一般管理（General Management）四个细分领域进行了文献收集与检索。进一步，针对每个细分领域，选定 ABS 三星及以上的期刊（共计 173 本期刊）为文献检索的目标期刊。

本书内容分为上、下两篇，上篇探讨平台市场中商业模式的相关文献，而下篇则梳理平台市场中顾客行为的相关文献。具体而言，上篇选择了平台市场中的共享经济（第 1 章）、平台市场中的网络众包（第 2 章）和平台市场中的网络众筹（第 3 章）作为平台市场中商业模式的代表，分别从商业模式的介绍、相关文献的收集与整理、研究现状的分析、研究趋势的预测几个方面进行了深入分析。下篇则选择了平台市场中的顾客信任（第 4 章）、平台市场中的顾客隐私（第 5 章）、平台市场中的顾客评论（第 6 章）和平台市场中的顾客风险（第 7 章）作为平台市场中顾客行为的代表，分别从顾客行为的介绍、相关文献的收集与整理、研究现状的分析、研究趋势的预测几个方面进行了详尽的探讨。

　　本书的出版得到了国家自然科学基金青年项目("平台治理与卖家销售的博弈研究：产品质量信息不对称的视角"，项目编号 72101271)的资助，同时也得到了中南财经政法大学基本科研项目(人文社科类高校科研管理流程优化研究，项目编号 2722022EG001)的支持。此外，感谢我的学生张焱楠、胡蓉、张国浩、宁显樟、王路瑶、陈曦玉和刘珠影，感谢他们在此书写作过程中的积极参与和努力付出。

　　书中尚存不足之处，请读者不吝指正。

唐尧

2022 年 9 月

目　　录

上篇　平台市场中的商业模式

第1章　平台市场中的共享经济 ················· 3

1.1　模式简介与文献检索 ················· 3

1.2　研究现状 ················· 7

1.3　热点演变与研究趋势 ················· 21

参考文献 ················· 29

第2章　平台市场中的网络众包 ················· 32

2.1　模式简介与文献检索 ················· 32

2.2　研究现状 ················· 36

2.3　热点演变与研究趋势 ················· 50

参考文献 ················· 58

第3章　平台市场中的网络众筹 ················· 61

3.1　模式简介与文献检索 ················· 61

3.2　研究现状 ················· 64

3.3　热点演变与研究趋势 ················· 78

参考文献 ················· 86

下篇　平台市场中的顾客行为

第4章　平台市场中的顾客信任 ‥‥‥‥‥‥‥‥‥‥‥ 91

4.1　行为简介与文献检索 ‥‥‥‥‥‥‥‥‥ 91

4.2　研究现状 ‥‥‥‥‥‥‥‥‥‥‥‥‥‥ 94

4.3　热点演变与研究趋势 ‥‥‥‥‥‥‥‥‥ 109

参考文献 ‥‥‥‥‥‥‥‥‥‥‥‥‥‥‥‥‥ 119

第5章　平台市场中的顾客隐私 ‥‥‥‥‥‥‥‥‥‥‥ 124

5.1　行为简介与文献检索 ‥‥‥‥‥‥‥‥‥ 124

5.2　研究现状 ‥‥‥‥‥‥‥‥‥‥‥‥‥‥ 127

5.3　热点演变与研究趋势 ‥‥‥‥‥‥‥‥‥ 140

参考文献 ‥‥‥‥‥‥‥‥‥‥‥‥‥‥‥‥‥ 149

第6章　平台市场中的顾客评论 ‥‥‥‥‥‥‥‥‥‥‥ 150

6.1　行为简介与文献检索 ‥‥‥‥‥‥‥‥‥ 150

6.2　研究现状 ‥‥‥‥‥‥‥‥‥‥‥‥‥‥ 153

6.3　热点演变与研究趋势 ‥‥‥‥‥‥‥‥‥ 169

参考文献 ‥‥‥‥‥‥‥‥‥‥‥‥‥‥‥‥‥ 177

第7章　平台市场中的顾客风险 ‥‥‥‥‥‥‥‥‥‥‥ 180

7.1　行为简介与文献检索 ‥‥‥‥‥‥‥‥‥ 180

7.2　研究现状 ‥‥‥‥‥‥‥‥‥‥‥‥‥‥ 183

7.3　热点演变与研究趋势 ‥‥‥‥‥‥‥‥‥ 197

参考文献 ‥‥‥‥‥‥‥‥‥‥‥‥‥‥‥‥‥ 206

附录 ‥‥‥‥‥‥‥‥‥‥‥‥‥‥‥‥‥‥‥‥‥ 210

一、期刊目录 ‥‥‥‥‥‥‥‥‥‥‥‥‥‥‥ 210

二、检索关键词 ‥‥‥‥‥‥‥‥‥‥‥‥‥‥ 213

上篇　平台市场中的商业模式

第1章　平台市场中的共享经济

1.1　模式简介与文献检索

1.1.1　模式简介

美国得克萨斯大学的马科斯·费尔逊教授和伊利诺伊大学的琼·斯潘思教授首次提出了"协同消费"（collaborative consumption）的概念，它是共享经济（sharing economy）的雏形。共享经济正在逐渐改变当代人们的生活和工作方式（Bostman & Rogers，2014），虽然学术界目前对共享经济的定义尚未达成一致，但对其本质的界定却相对清晰：共享经济是指借助于互联网技术，通过第三方平台将供给方和需求方连接起来，从而实现闲置资源有效利用和供需双方价值最大化的一种经济活动。共享经济的快速发展也催生了许多典型的共享经济平台（见表1.1），这些平台代表了共享经济的商业模式和时代特征。

表 1.1 共享经济领域的典型平台

涉及领域	平台名称	功能介绍
交通出行	Uber、滴滴打车、快的打车	提供乘车服务
房屋住宿	Airbnb、小猪短租、蚂蚁短租、途家网	提供民宿短租预订服务
交运物流	京东到家、人人快递、e 快送	提供众包服务
知识技能	知乎、豆瓣网、猪八戒网	进行知识经验共享
网络众筹	追梦网、大家投、众筹网	提供众筹服务
P2P 网贷	人人贷、陆金所、红岭创投	提供网贷服务
生产能力	阿里巴巴淘工厂、沈阳机床厂 15 智能平台	生产设备的共享

　　与传统的经济模式相比，共享经济模式是一个去中介化和再中介化的过程，如图 1.1 所示。去中介化是指供需双方不再依附于传统的线下组织，如打车行业的出租车公司，而再中介化则是指供需双方重新依附于第三方的线上平台，如打车行业的 Uber。由此可见，第三方平台在共享经济模式中发挥着举足轻重的作用：一方面，平台基于整合大量的数据信息，并通过精准的算法将供需双方连接起来，从而有效地降低交易成本；另一方

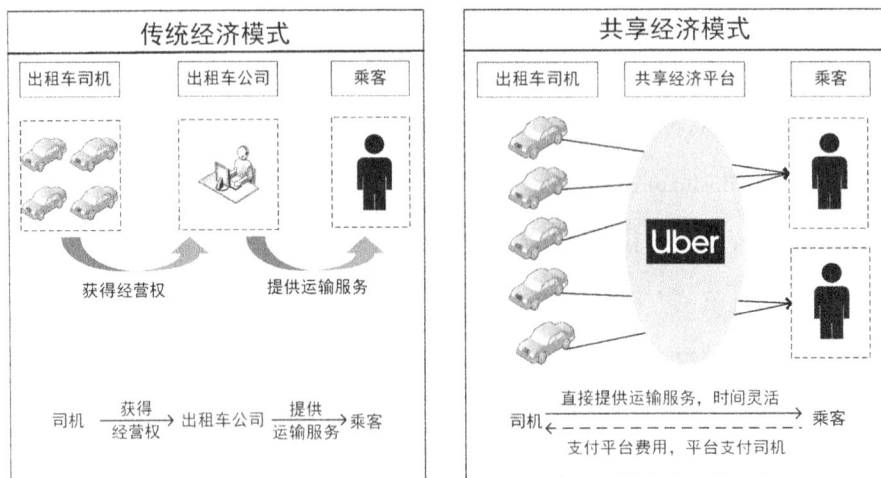

图 1.1 传统经济模式与共享经济模式的对比(以打车为例)

面，作为市场的制造者，平台不仅提供详细的产品和服务信息、使用者评论，而且也建立损失补偿、隐私保护等市场交易机制，从而有效地促进了在线交易的顺利完成。

综上，共享经济的飞速发展推动了相关的学术研究，众多学者从不同的视角考察了平台市场中的共享经济。本章从国家与机构、期刊与作者、基础文献以及共现与聚类，进行研究现状的梳理，并从时间轴线、突现分析以及趋势预测，进行热点演变与研究趋势的分析，进而从宏观和微观两个层面来同时分析平台市场中的共享经济，并为平台市场中的共享经济的相关企业提供实践借鉴，也为共享经济的后续研究提供一定的方向和建议。

1.1.2 文献检索

本章以 Web of Science 数据库的核心期刊集为数据来源，对平台市场中共享经济的相关研究进行检索。为了避免检索中误检和漏检的情况，在参考经典文献和咨询相关专家的基础下，针对研究主题设计了合理的逻辑关系检索式，从而确保检索结果能够尽量全面覆盖该领域的代表性结果，检索设计和检索结果如表 1.2 所示。根据平台市场中共享经济的提出时间和文献检索的初步结果，检索的时间范围最终设定为 2005—2021 年。此外，本书重点关注管理学领域的相关研究，结合共享经济领域相关研究的特点，分别从管理学的四个细分领域进行了文献收集与检索：信息管理（Information Management）、市场营销（Marketing）、运营管理（Operations Management）和一般管理（General Management）。① 进一步，针对每个细分领域，选定 ABS 三星及以上的期刊（共计 173 本期刊，具体期刊目录详见附录），② 并进行期刊内的关键词检索（关键词详见附录），根据以上检索

---

① 运营管理领域包括 OPS & TECH 和 OR & MAN SCI；一般管理领域包括 ETHICS-CSR-MAN、HRM & EMP、IB & AREA、ORG STUD 和 STRAT。

② 由于信息管理领域与平台市场关系更加紧密，因此，信息管理领域选择 ABS 两星及以上期刊。

规则，共检索到 889 篇共享经济的相关文献。

表 1.2　　　　　　　　　　检索设计与检索结果

数据库	Web of Science 数据库核心期刊集
检索方式	期刊内关键词检索
文献类型	article/review/proceeding-paper
时间跨度	2005—2021 年
检索时间	2022 年 5 月
文献数量(篇)	889

将文献数据导入 Citespace 之前，对检索到的 889 篇文献进行再次筛选和分析，结果显示并没有重复文献，因此，最终获得 889 篇有效文献。图 1.2 所示为发文数量的年度分布情况，整体来看，共享经济领域的发文数量逐年递增且呈指数增长趋势($y = 7.8185\,e^{0.1503x}$，$R^2 = 0.8715$)。可划分为两个阶段：2015 年以前，年均发文数量少于 30 篇，且增长缓慢；从 2015 年开始，随着移动互联网、位置定位服务技术、云计算、大数据等新型技术的不断深入，共享经济行业得到了快速发展，发文数量也由此而明显上

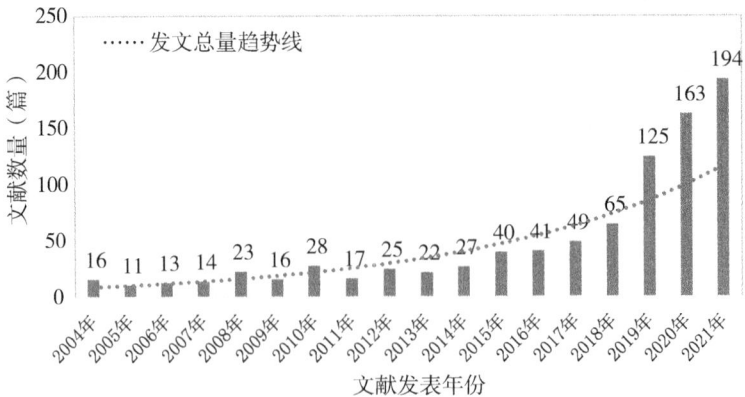

图 1.2　平台市场中共享经济发文量的年度分布(2004—2021 年)

升，尤其自 2019 年以来，一直保持着较高的发文量，并在 2021 年达到最高峰(194 篇)，这说明以平台市场为依托的共享经济已经成为当今研究的热点话题。

1.2　研究现状

1.2.1　文献分布

本小节从国家/地区、研究机构、作者和期刊四个方面对共享经济的文献分布进行统计。Citespace 可以将各个国家/地区与各个研究机构的发文数量、合作情况和中心度通过年轮的形式展示出来，其中，年轮的大小代表了发文的数量，而年轮中最外围圆圈的宽度则代表中心度，圆圈的宽度越大，表示中心度取值越高。图 1.3 所示是以国家/地区和研究机构同时作为节点而制作的知识图谱，其中的节点有 379 个，连线有 473 条。

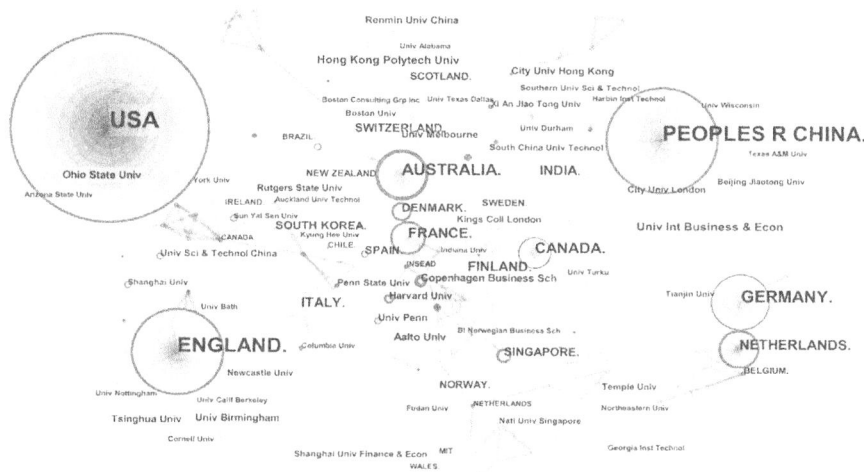

图 1.3　国家/地区与研究机构的知识图谱

7

　　根据知识图谱中的数据进行汇总整理，可以得到国家/地区与研究机构的发文量和中心度排名，具体见表1.3。

表1.3　国家/地区与研究机构的发文量和中心度排名(依据发文量排名前15)

排名	发文量	中心度	国家/地区	发文量	中心度	研究机构
1	322	0.4	美国	13	0.06	香港理工大学
2	187	0.08	中国	13	0	对外经济贸易大学
3	139	0.26	英国	10	0.01	中国人民大学
4	63	0.06	德国	10	0.01	宾夕法尼亚大学
5	50	0.38	澳大利亚	9	0.03	墨尔本大学
6	39	0.11	加拿大	9	0	俄亥俄州立大学
7	31	0.19	荷兰	9	0.03	阿尔托大学
8	31	0.17	法国	8	0	坦普尔大学
9	29	0.06	中国台湾	8	0.03	罗格斯大学
10	26	0.03	印度	8	0.28	哥本哈根商学院
11	24	0.06	意大利	8	0.4	伦敦国王学院
12	23	0.05	芬兰	8	0	清华大学
13	18	0.36	新加坡	7	0	纽卡斯尔大学
14	17	0.14	瑞士	7	0	伯明翰大学
15	16	0.01	南非	6	0.02	得克萨斯大学

　　结合图1.3和表1.3可知，就发文量而言，美国的发文量最多(322篇)，其次是中国(187篇)、英国(139篇)、德国(63篇)、澳大利亚(50篇)和加拿大(50篇)。美国的研究机构以高校为主，如宾夕法尼亚大学(10篇)、加州大学伯克利分校(9篇)、俄亥俄州立大学(9篇)、佛罗里达大学(9篇)、坦普尔大学(8篇)等。从发文影响力来看，美国的节点中心度最大(0.4)，其次是澳大利亚(0.38)、新加坡(0.36)、英国(0.26)、荷兰(0.19)等，而研究机构中的伦敦国王学院(0.40)和哥本哈根商学院(0.28)的中心度较为突出。同时，通过分析知识图谱可知，平台市场中的共享经济领域已经形成了几个核心的学术群体，如"法国-丹麦-澳大利亚""英国-瑞士""荷兰-德国"，

这些核心学术群体建立了较为密切的合作网络。

　　就我国而言，目前在共享经济领域已经形成了一定的国际影响力。首先，从发文数量上来看，位居第二，并且发文数量较多(187 篇)；其次，从发文影响力来看，我国处于知识图谱的中心区域①，且连线较多，依托于高校科研机构，与巴西、丹麦等国家均保持着联系；最后，在科研机构上来看，主要集中在对外经济贸易大学(13 篇)、中国人民大学(10 篇)和清华大学(8 篇)等。因此，虽然我国在共享经济领域取得了一定的进展，但同时还应该加强与核心国家或机构之间的合作，进一步提升我国在该领域的学术影响力。

　　通过对文献作者的分析，可以识别一个研究领域的核心作者及其之间的合作强度和互引关系。因此，利用 Citespace 进行作者共现聚类分析，并得到如图 1.4 所示的知识图谱，作者名字的大小节表示作者的发文量，节点间的连线代表作者存在合作关系，连线粗细表示作者合作的强弱程度，共有 293 个节点、111 条连线。

图 1.4　作者共现的知识图谱

---

　　① 由于篇幅有限，图 1.3 只显示了部分结果，而我国在完整版的国家/地区与研究机构的知识图谱中处于网络的中心地位。

根据知识图谱中的数据进行汇总整理,可以得到共享经济领域作者的发文量排名,具体见表1.4。

表1.4 作者的发文量排名(前20)

排序	发文量	作者	发文机构
1	5	Lin Tian	上海财经大学(中国)
2	5	Tsanming Choi	香港理工大学(中国)
3	5	Yue Guo	南方科技大学(中国)
4	5	Xiaotong Li	阿拉巴马大学(美国)
5	4	Juho Hamari	坦佩雷大学(芬兰)
6	4	Christoph Lutz	挪威商学院(挪威)
7	4	Yonggui Wang	对外经济贸易大学(中国)
8	4	Xusen Cheng	对外经济贸易大学(中国)
9	3	Thomas Weber	洛桑联邦理工学院(瑞士)
10	3	Ming Hu	多伦多大学(加拿大)
11	3	John Harvey	诺丁汉大学(英国)
12	3	Andrew Smith	诺丁汉大学(英国)
13	3	Baojun Jiang	华盛顿大学(美国)
14	3	Zaheer Khan	肯特大学(英国)
15	3	Friedrich Chasin	明斯特大学(德国)
16	3	Dinara Davlembayeva	纽卡斯尔大学(英国)
17	3	Nick Hajli	斯旺西大学(威尔士)
18	3	Gemma Newlands	挪威商学院(挪威)
19	3	Savvas Papagiannidis	纽卡斯尔大学(英国)
20	3	Christoph Flath	维尔茨堡大学(德国)

结合图 1.4 和表 1.4 可知，发文量较多的作者主要来自中国、美国和英国。从作者的合作网络来看，共享经济领域的研究整体呈现"小集中，大分散"的特征，此外，从图中可以看出，作者的合作网络大体上可以分为两类：一类是来自同一研究机构的合作关系，如英国诺丁汉大学的 John Harvey、Andrew Smith 和 James Gouldingl 组成的合作团队，挪威商学院的 Gemma Newlands、Christoph Lutz 和 Christian Fieseler 组成的合作团队；另一类是来自不同研究机构的合作关系，如上海财经大学的 Lin Tian 和华盛顿大学的 Baojun Jiang，南方科技大学的 Yue Guo 和阿拉巴马大学的 Xiaotong Li，香港理工大学的 Tsanming Choi、Yajun Cai 和中国科学技术大学的 Juzhi Zhang。进一步分析发现，核心作者群体关注的问题主要包括共享经济的盈利模式、共享经济的研究方法，以及共享经济的影响分析等。

表 1.5 统计了发文数量排名前 10 的期刊，从中可以看出共享经济发文数量较多的期刊主要分布在一般管理领域，如 *Journal of Business Ethics*、*Journal of Business Research* 和 *Journal of International Business Studies* 等期刊，这说明共享经济得到了该领域的广泛关注，此外，运营管理领域相关期刊的发文数量也较多，如 *Management Science*、*European Journal of Operational Research* 等期刊。信息管理领域中的期刊 *International Journal of Information Management* 对共享经济的发文数量也较多。

表 1.5　　　　　　　期刊发文数量的排名（前 10）

排序	期刊名称	篇数	细分领域
1	*Journal of Business Ethics*	15	General Management
2	*Journal of Business Research*	14	General Management
3	*Journal of International Business Studies*	13	General Management
4	*Management Science*	13	Operations Management
5	*European Journal of Operational Research*	10	Operations Management
6	*International Business Review*	10	General Management
7	*Harvard Business Review*	9	General Management
8	*International Journal of Information Management*	9	Information Management

排序	期刊名称	篇数	细分领域
9	*International Journal of Production Research*	9	Operations Management
10	*Manufacturing & Service Operations Management*	9	Operations Management

考察一个期刊在某个领域的影响力，不仅需要关注该期刊在这个领域的发文数量，而且还需要分析该期刊在这个领域的被引频次。因此，利用 Citespace 对检索到的全部文献进行期刊被引的知识图谱分析，得到图 1.5。

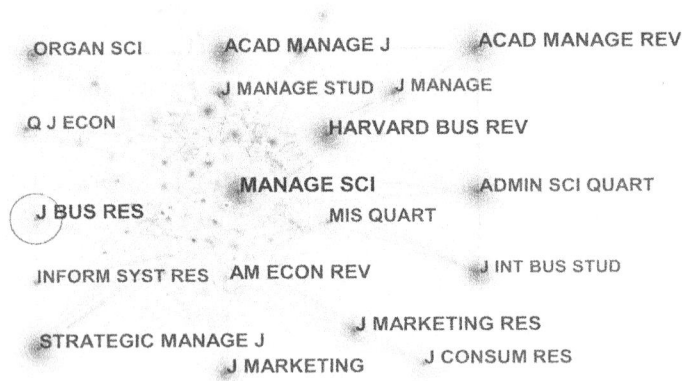

图 1.5　期刊被引的知识图谱

根据知识图谱中的数据进行汇总整理，可以得到期刊被引频次的排名，具体见表 1.6。其中，被引频次最高的期刊是来自运营管理领域的 *Management Science*。此外，被引频次靠前的其他期刊可以大致分为两类，一类是一般管理领域的期刊，如 *Journal of Business Research* 和 *Academy of Management Review* 等；另一类是市场营销领域的期刊，如 *Journal of Marketing* 和 *Journal of Marketing Research* 等，这说明平台市场中的共享经济也得到了一般管理学者和营销管理学者的广泛关注。

表 1.6 期刊被引频次的排名 (前 10) ①

排序	期刊名称	被引频次	细分领域
1	*Management Science*	356	Operations Management
2	*Journal of Business Research*	273	General Management
3	*Academy of Management Review*	262	General Management
4	*Harvard Business Review*	247	General Management
5	*Journal of Marketing*	244	Marketing
6	*Journal of Marketing Research*	241	Marketing
7	*Strategy Manage Journal*	234	General Management
8	*Academy of Management Journal*	221	General Management
9	*Journal of Consumer Research*	192	General Management
10	*MIS Quarterly*	189	Information Management

1.2.2 文献梳理

本小节从基础文献和文献聚类两个方面梳理共享经济的相关文献，基础文献是指被学者广泛认可和引用的文献，它们能够反映某个领域的基础知识。本小节对共享经济领域的相关文献进行关键节点分析，从而识别该领域的基础文献及其核心学者，得到了如图 1.6 所示的文献共被引知识图谱，其中，共有 548 个节点、747 条连线。

根据知识图谱中的数据汇总整理，得到如表 1.7 所示被引频次和中心度较高的基础文献(根据被引频次排名前 10)。

① 表 1.6 是从检索的期刊目录中选取了被引用频次排名前 10 的期刊，而图 1.5 展示的是被引频次排名靠前的全部期刊，包括了一些非检索的期刊。

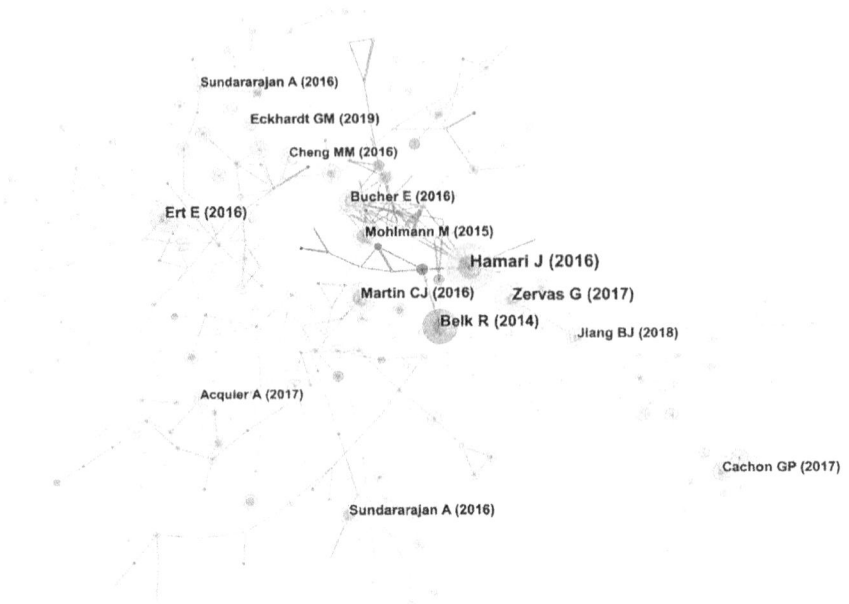

图 1.6 文献共被引的知识图谱(作者)

表 1.7 被引频次和中心度较高的基础文献(根据被引频次排名前 10)

序号	被引频次	中心度	发表时间	第一作者(姓)	论文名称
1	94	0.11	2016	Hamari	The sharing economy：Why people participate in collaborative consumption.
2	77	0.10	2017	Zervas	The rise of the sharing economy：Estimating the impact of Airbnb on the hotel industry.
3	55	0.01	2014	Belk	You are what you can access：Sharing and collaborative consumption online.
4	50	0	2016	Ert	Trust and reputation in the sharing economy：The role of personal photos in Airbnb.
5	40	0.11	2016	Martin	The sharing economy：A pathway to sustainability or a nightmarish form of neoliberal capitalism?

序号	被引频次	中心度	发表时间	第一作者（姓）	论文名称
6	32	0.09	2018	Jiang	Collaborative consumption：Strategic and economic implications of product sharing.
7	31	0.01	2017	Cachon	The role of surge pricing on a service platform with self-scheduling capacity.
8	30	0.04	2015	Mohlmann	Collaborative consumption：Determinants of satisfaction and the likelihood of using a sharing economy option again.
9	30	0.05	2016	Bucher	What's mine is yours（for a nominal fee）：Exploring the spectrum of utilitarian to altruistic motives for Internet-mediated sharing.
10	30	0	2016	Sundararajan	Sharing economy：The end of employment and the rise of crowd-based capitalism.

　　根据图 1.6 和表 1.7 分析可得，伴随着 Airbnb、Uber 等共享经济平台的蓬勃发展，平台市场中共享经济的相关研究逐步成熟，而 2016—2018 年是共享经济的相关研究取得关键性发展的 3 年，这一时期的研究结果成为该领域最主要的基础文献。10 篇基础文献中被引频次和中心度都较高的文献是 Hamari 于 2016 年发表的《The sharing economy：Why people participate in collaborative consumption》。该文献基于合作消费兴起的背景，调查了人们参与合作消费的动机，发现参与动机源自多个方面的因素，同时，人们在合作消费中存在态度-行为的差异性。研究结论为探讨共享经济领域中的参与行为提供了理论指导，也为后续学者的深入研究提供了理论依据。整体而言，基础文献大多对平台市场中的共享经济的模式特点、经济影响、运作机制等核心问题进行了详细的分析与论证，如：Zervas（2017）和 Ert（2016）均以 Airbnb 为对象进行了研究，他们的结论对后续学者研究共享经济对传统企业的影响以及共享经济情境中决定消费行为的主要因素具有较

好的参考意义；Belk（2014）比较了共享经济模式和协作消费模式，并揭示出共享经济模式具有的独特优势。这些基础文献在理论框架、企业实践、模型构建等诸多方面为后续研究提供了较好的思路和参考。

通过 Citespace 对检索到的 889 篇文献进行聚类分析，共得到 11 个较大规模的聚类，且同一聚类下的文献呈现较强的关联度，其中，共有 548 个节点、831 条连线，具体如图 1.7 所示。聚类分析中提取出来的社会契约、协同消费、客户风险感知、区块链、零工经济、实证检验、信任构建等充分揭示了共享经济的研究现状。此外，图 1.7 表明，共享经济研究已经发展出一定的细分领域，且呈现集中性较强和重叠度较高的特点。

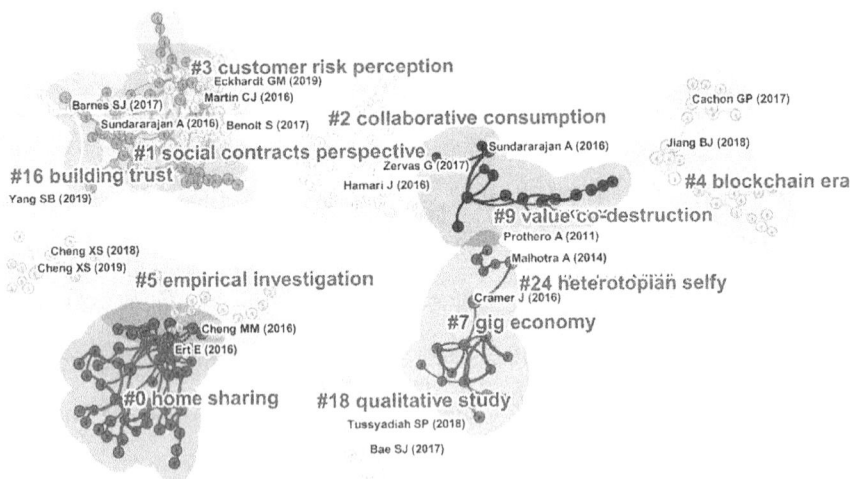

图 1.7　文献共被引的知识图谱（聚类分析）①

根据知识图谱中的数据汇总整理，得到如表 1.8 所示的文献聚类的具体信息和研究内容。

---

①　在本小节的聚类分析中如果某个聚类的文献篇数少于一定的数量，则在知识图谱中就没有展示，这是聚类编号不连续的原因。

表 1.8 文献聚类的具体信息和研究内容

聚类编号	文献数量	聚类名称	研究内容
0	54	home sharing	从不同的视角研究了顾客参与共享经济模式的影响因素
1	53	social contracts perspective	厘清了共享经济的前因和后果，整合了共享经济的知识体系，澄清了概念
2	48	collaborative consumption	基于社会关系视角研究了公众对共享经济的态度及其对消费行为的影响
3	42	customer risk perception	从风险视角，探讨了共享企业经常遇到的挑战以及失败的原因
4	27	blockchain era	主要探索了区块链在平台运营中的实现
5	26	empirical investigation	基于"经验调查"视角，通过访谈等方式研究共享经影响因素
7	19	gig economy	研究了伴随着共享经济新出现的共享形式及其经济后果
9	17	value co-destruction	研究了共享经济扰乱市场，给服务生态系统带来的好处和坏处
16	7	building trust	研究了在共享经济平台影响顾客信任的因素以及如何建立顾客信任
18	6	qualitative study	采用定性研究方法，探讨共享经济中的影响变量和关键要素
24	4	heterotopian selfy	基于 heterotopian selfy 探讨变量之间是如何影响的及其实践意义

聚类#0(home sharing)：这一聚类的文献数量最多，共 54 篇文献，被引用的时间大多在 2014—2017 年之间。这一聚类的文献主要基于共享经济平台 Uber 和 Airbnb 进行相关的研究，代表性文献主要包括《Trust and reputation in the sharing economy：The role of personal photos in Airbnb》和《Sharing economy：A review and agenda for future research》等。此外，这一聚类与聚类#5（empirical investigation）有着较强的关联。

聚类#1（social contracts perspective）：这一聚类的文献数量较多，共 53 篇文献，被引的时间大多数在 2016—2017 年之间。这一聚类的文献主要探讨共享经济的基础理论，并试图构建共享经济的前因与后果，代表性文献主要包括《The sharing economy：A pathway to sustainability or a nightmarish form of neoliberal capitalism？》《Promises and paradoxes of the sharing economy：An organizing framework》和《Why people participate in the sharing economy：An empirical investigation of Uber》等。此外，这一聚类与聚类#3（customer risk perception）和聚类#16（building trust）存在较强的关联。

聚类#2（collaborative consumption）：这一聚类的文献数量较多，共 42 篇文献，被引用的时间主要在 2010—2012 年之间，而这一时期还未正式出现共享经济的概念，处于协同消费向共享经济转变的过渡阶段，这一聚类的文献为共享经济的发展提供了坚实的理论基础，代表性文献主要包括《The sharing economy：Why people participate in collaborative consumption》和《The rise of the sharing economy：Estimating the impact of Airbnb on the hotel industry》等。此外，这一聚类与聚类#5（value co-destruction）有着较强的关联。

聚类#4（blockchain era）：这一聚类的文献数量居中，共 27 篇文献，被引用的时间主要在 2017—2019 年之间。这一聚类的文献主要探讨区块链在共享经济中的应用，以及区块链如何通过更加真实可靠的信息，帮助人们解决了彼此之间不信任的问题。代表性文献主要包括《The role of surge pricing on a service platform with self-scheduling capacity》和《Collaborative consumption：Strategic and economic implications of product sharing》等。此外，这一聚类与其他聚类的连接较弱，文献的中心度也较低。

聚类#7（gig economy）和聚类#24（heterotopian selfy）都是探索共享经济的新模式和新业态，而聚类#18（qualitative study）则从方法论的角度出发，利用定性研究的方式探讨共享经济中较为宏观的问题。

1.2.3 关键词共现

关键词是对一篇文献核心观点的提炼，是对文献内容的高度概括，出现频次和中心度较高的关键词一般都是学术界共同关注的研究问题，能够较好地代表某个领域的研究现状。共享经济领域关键词共现的知识图谱如图 1.7 所示，共有 480 个节点、874 条连线，图中各个节点的大小表示关键词出现频次的高低，节点越大，说明相应关键词出现的频次越高。

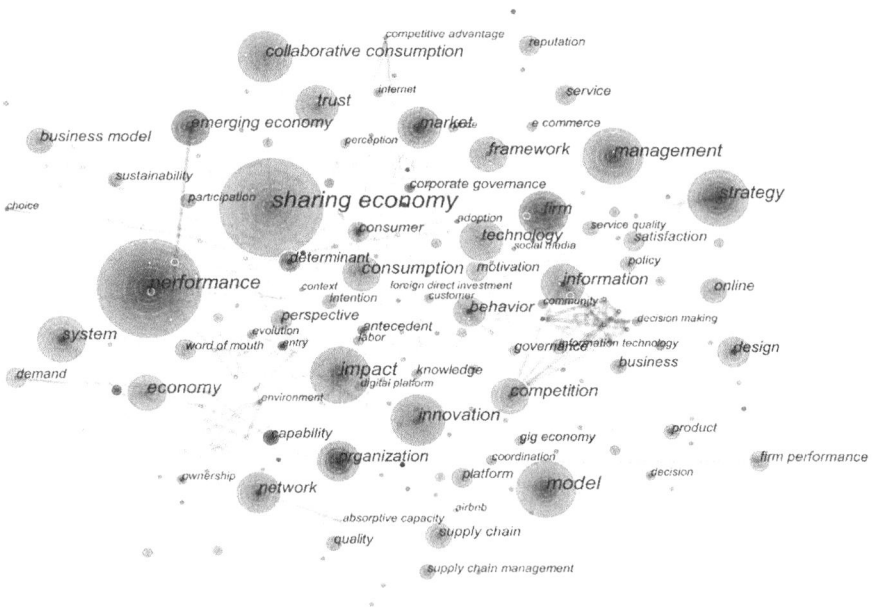

图 1.8　关键词共现的知识图谱

根据知识图谱中的数据汇总整理，可得到出现频次和中心度较高的关键词，具体见表 1.8，出现频次最高的关键词是 sharing economy，其次是 performance、model、impact、management、strategy 和 consumption 等。结合图 1.7 和表 1.7 可以发现，平台市场中共享经济领域的研究话题不断扩大，根据对关键词的统计，可以将研究现状大体归纳为如下几类：第一类是具有

collaborative consumption、innovation、platform 和 economy 等关键词的文献，大多是对共享经济模式进行分析与评价，主要是对 Airbnb 和 Uber 等共享经济平台进行的案例研究，从而揭示出共享经济模式的本质与特征；第二类是具有 trust、impact 和 performance 等关键词的文献，它们大多是通过实证分析的方式来探讨共享经济的影响，研究结果表明，共享经济的出现虽然提高了资源的利用效率，但同时也带来了顾客信任、风险和隐私等方面的社会问题；第三类是具有 business model、framework 和 technology 等关键词的文献，这类文献试图构建全新的研究模型，并开发新的研究框架和技术。

关键词在共现网络中的中心度越大，表明该关键词与其他关键词共同出现的次数越多，则该关键词在共现网络中的影响力也就越大。由表 1.9 可知，关键词出现频次与中心度之间并不存在必然的正相关关系。中心度较高的关键词有 performance、impact、strategy、competition、behavior 和 determinant，这些关键词代表了共享经济领域内的核心话题，且与其他话题之间存在较大的关联性。

表 1.9　关键词的出现频次和中心度(根据出现频次排名前 30)

排序	频次	中心度	关键词	排序	频次	中心度	关键词
1	228	0.01	sharing economy	16	42	0.01	framework
2	90	0.17	performance	17	41	0.14	competition
3	80	0.03	model	18	39	0.17	behavior
4	71	0.10	impact	19	39	0.09	network
5	63	0.05	management	20	38	0.02	technology
6	59	0.16	strategy	21	37	0.03	emerging economy
7	51	0.02	consumption	22	34	0.06	organization
8	49	0.03	innovation	23	33	0.02	design
9	49	0.07	economy	24	31	0.02	business model
10	46	0.07	information	25	28	0.17	determinant
11	45	0.06	collaborative consumption	26	27	0.12	business
12	45	0.05	firm	27	25	0.05	perspective
13	45	0.07	system	28	25	0.01	online
14	45	0	trust	29	23	0.05	supply chain
15	43	0.1	market	30	23	0.03	satisfaction

1.3 热点演变与研究趋势

1.3.1 时间轴线

本小节通过关键词共现来分析共享经济领域的研究热点，并以时区视图的方式来呈现关键词共现的知识图谱，从而揭示研究热点的演变规律，具体如图 1.9 所示，每个节点表示一个关键词，节点越大，表示关键词出现的频次越高，节点所处的时区表示该关键词首次出现的时间，节点之间的连线表示两个关键词同时出现在一篇文献中。由图 1.9 可知，比较重要的关键词按出现的时间顺序依次为 performance、strategy、system、model、innovation、collaborative consumption、sharing economy 和 platform 等。

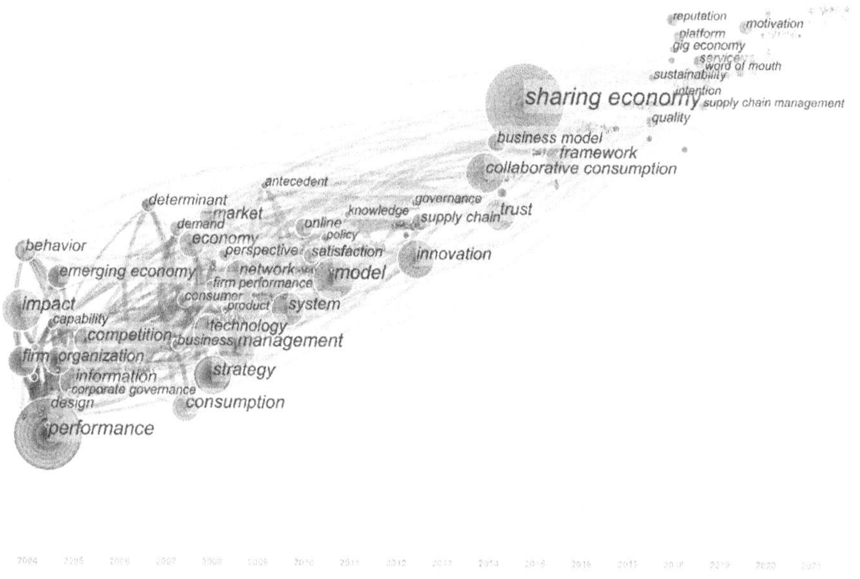

图 1.9 关键词共现的知识图谱(时区视图)

　　根据知识图谱中的数据汇总整理，得到如表1.10所示的各年份的高频关键词，关键词所对应的年份是其首次出现的时间，从表中可以看出，2014年之前，还未正式出现 sharing economy 这一关键词。而2014年开始出现了包含 sharing economy、collaborative consumption、business model 和 trust 等非常重要的关键词。在2014年之后，众多学者开始更加系统和全面地研究共享经济，也出现了很多全新的关键词：2015年出现了 framework、diversification 和 information system 等关键词；2016年出现了 labor 和 industry 等关键词；而2017年出现了 sustainability 和 social media 等关键词；2018年出现了 gig economy 和 supply chain management 等关键词；2019年出现了 digital platform 和 perceived risk 等关键词；近两年又涌现出 people participate、value co creation、circular economy、pathway、moderating role 和 perceived value 等关键词。

表 1.10　　　　　　　　　　　　　各年份的高频关键词

年份	关 键 词
2004	performance, impact, behavior, emerging economy, design
2005	information, competition, corporate governance, environment
2006	determinant, competitive advantage, emerging market
2007	strategy, consumption, economy, business, consumer, demand
2008	management, market, network, technology, perspective, firm performance, product
2009	system, antecedent, decision, adoption
2010	model, online, satisfaction, policy, knowledge sharing
2011	knowledge, community, corporate social responsibility, work
2012	innovation, supply chain, governance, institutional theory, productivity
2013	customer satisfaction, productivity
2014	sharing economy, collaborative consumption, trust, business model, participation

续表

年份	关　键　词
2015	framework, opportunity, diversification, information system, open innovation
2016	labor, industry, dominant logic
2017	quality, sustainability, coordination, internet, social media, value creation
2018	platform, service, gig economy, intention, reputation, supply chain management
2019	motivation, service quality, digital platform, customer, perceived risk
2020	price, Airbnb, perception, motive, people participate, logistics, value co creation, Uber, power, pathway, circular economy, attribute, acceptance, future
2021	moderating role, perceived value

通过对关键词的聚类分析来探讨共享经济领域的研究热点，并以时区视图的方式来呈现知识图谱，具体如图 1.10 所示，关键词的聚类分析将研究文献的关键词划分为 8 大类，从 #0 到 #7 分别为 sharing economy、empirical investigation、manufacturers encroachment、developing economies、supply chain quality management、food waste、transparency-based sharing framework 和 buyer-supplier relationship。其中，聚类#0 中的关键词的发展路径是新兴经济体、全球化、汽车共享、平台到大数据分析等。这一聚类主要针对共享经济中的相关概念和模式进行研究，并挖掘与共享经济相关的理论基础。聚类#1 中的关键词的发展路径是前因、要素、电子商务、消费者行为到感知风险等，这一聚类主要采用实证分析的方式讨论共享经济中的相关要素，以及与顾客的行为特点。聚类#2 中的关键词的发展路径是信任技术、电子商务、满意度、服务质量、忠诚到顾客体验，这一聚类主要探讨顾客对共享经济平台的体验和感知。聚类#3 中的关键词的发展路径是商业模式、数字平台、物流到共享经济平台，大多从宏观层面讨论共享经济的发展意义。聚类#4 主要基于供应链管理的理念，从而探讨共享经济中

23

的相关问题。聚类#5、聚类#6 和聚类#7 的研究持续性较差，不是持续的研究热点；聚类＃5 和聚类＃6 开始的时间较晚，说明 food waste 和 transparency-based sharing framework 是近几年才兴起的研究热点；聚类#7 中的关键词的发展路径是消费者所有权概念、市场消费者概念、消费偏好、价格到品牌，从市场营销的角度探讨共享经济中影响消费者决策的诸多因素。

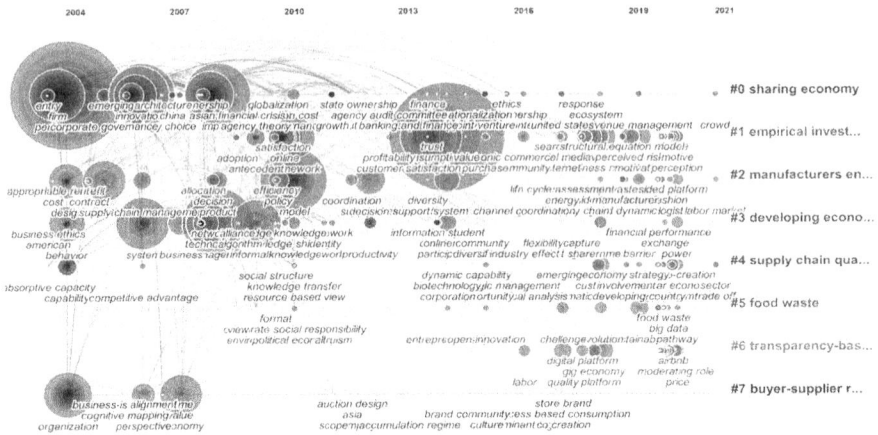

图 1.10　关键词的聚类分析(时区视图)

1.3.2　突现分析

突现文献具有较高的研究价值，能够反映某个领域研究热点的演变，本小节采用 Citespace 提供的突现检测算法，得到了如表 1.11 所示的突现文献，表中标识了突现的强度、突现的起止年份，这有助于观察研究热点的演进脉络。突现文献的研究主题可以划分为以下几个方面：(1)有关新兴经济体的研究，主要探讨新兴经济体与企业绩效之间的关系；(2)共享经济概念和模式的界定；(3)共享经济的影响机制；(4)共享经济在各行各业的应用及其影响要素。综上，共享经济领域的研究热点在不断变化，未来的研究热点可能依旧会围绕着共享经济的影响机制、共享经济的商业模式和共享经济的影响要素展开。

表 1.11　　　　　　　　　突现文献（根据开始年份排名前 20）

序号	作者	文献标题	突现强度	开始年份	结束年份
1	Young	Corporate governance in emerging economies: A review of the principal-principal perspective	3.79	2008	2012
2	Botsman	Whats mine is yours: The rise of collaborative consumption	3.98	2014	2015
3	Bardhi	Access-based consumption: The case of car sharing	10.45	2015	2017
4	Belk	You are what you can access: Sharing and collaborative consumption online	20.73	2016	2019
5	Mohlmann	Collaborative consumption: Determinants of satisfaction and the likelihood of using a sharing economy option again	5.59	2016	2018
6	Lamberton	When is ours better than mine? A framework for understanding and altering participation in commercial sharing systems	4.40	2016	2017
7	Belk	Extended self in a digital world	2.75	2016	2018
8	Cohen	Ride on! Mobility business models for the sharing economy	6.78	2017	2019
9	Sundararajan	The sharing economy: The end of employment and the rise of crowd-based capitalism arun sundararajan	6.01	2017	2019
10	Weber	Intermediation in a sharing economy: Insurance, moral hazard, and rent extraction	5.98	2017	2019
11	Malhotra	The dark side of the sharing economy and how to lighten it	6.48	2018	2019
12	Belk	Sharing versuspseudo-sharing in Web 2.0	6.12	2018	2019
13	Cusumano	How traditional firms must compete in the sharing economy	5.52	2018	2019

续表

序号	作者	文献标题	突现强度	开始年份	结束年份
14	Matzler	Adapting to the sharing economy	3.92	2018	2019
15	Kathan	The sharing economy：Your business model's friend or foe?	3.09	2018	2021
16	Guttentag	Disruptive innovation and the rise of an informal tourism accommodation sector	2.89	2018	2019
17	Mohlmann	Collaborative consumption：Determinants of satisfaction and the likelihood of using a sharing economy option again	4.50	2019	2021
18	Hellwig	Exploring different types of sharing：A proposed segmentation of the market for "sharing"businesses	3.74	2019	2021
19	Constantiou	Four models of sharing economy platforms	2.99	2019	2021
20	Parker	Platform revolution	2.74	2019	2021

　　除了文献突现以外，还可以运用关键词突现来跟踪研究热点的演变，利用 Citespace 探测短时间内出现频次迅速增加的关键词，这可以在很大程度上体现学者们研究热点的变化。表 1.12 列出了出现频次激增的关键词，表中标识了突现的强度、突现的起止年份，有助于观察研究热点的演进脉络。由表 1.12 可知，大部分关键词的突现已经结束，比如"绩效""组织""新兴经济体""战略""市场""知识"和"创新"等，这些都曾是当时阶段的研究热点。此外，还有一部分关键词突现尚未结束，比如"消费"和"供应链管理"等，这些将成为现在以及未来一段时间内的研究热点。

表 1.12　　　　突现关键词(根据开始年份排名前 20)

排序	关键词	突现强度	开始年份	结束年份
1	performance	8.14	2004	2017
2	organization	3.58	2004	2014

排序	关键词	突现强度	开始年份	结束年份
3	absorptive capacity	3.37	2004	2015
4	entry	3.05	2004	2010
5	environment	4.30	2005	2011
6	emerging economy	5.17	2006	2018
7	determinant	3.75	2006	2017
8	strategy	6.06	2007	2015
9	market	4.26	2008	2016
10	capability	5.13	2009	2014
11	system	3.08	2009	2011
12	firm	10.08	2010	2017
13	management	4.38	2011	2013
14	knowledge	3.78	2011	2016
15	growth	3.15	2011	2013
16	innovation	3.66	2012	2014
17	foreign direct investment	4.39	2014	2018
18	industry	4.18	2016	2017
19	consumption	4.01	2018	—
20	supply chain management	3.57	2018	—

1.3.3 趋势预测

本小节采用战略图的方式来绘制共享经济领域关键词的分布，从而进行研究趋势的预测，具体如图 1.11 所示，以关键词的出现频次作为 X 轴，以关键词的中心度作为 Y 轴，原点代表频次和中心度的中值，分析可知：

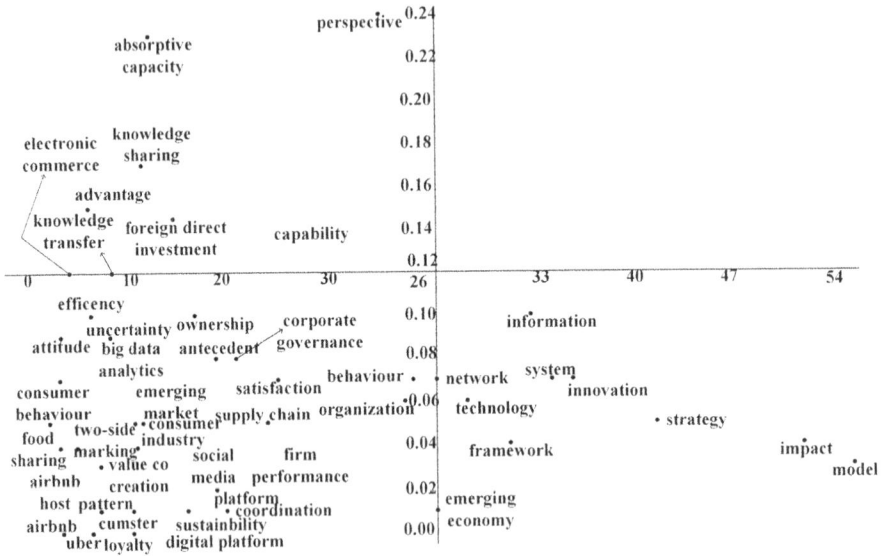

图 1.11　共享经济领域的关键词分布

1. 第一象限：主流话题

第一象限的关键词具有较高的频次与中心度的特点，代表了当前研究的主流话题，并且与其他话题的关联度较高。根据图 1.11，发现平台市场中的共享经济领域并没有出现第一象限的关键词，这说明共享经济领域虽然取得了一定的研究成果，但是目前还没有形成主流的研究话题。

2. 第二象限：高潜热点

第二象限的关键词具有低频次与高中心度的特点，代表了具有较高潜力的热点话题，根据图 1.11，发现平台市场中的共享经济领域中的"能力""知识共享""知识传递"等关键词属于第二象限，这些将是未来一段时间的热点话题。

3. 第三象限：孤岛话题

第三象限的关键词既不具备高频次，也不具有高中心度，代表了研究的孤岛话题，根据图 1.11，发现平台市场中的共享经济领域的孤岛话题较为严重，这一方面说明相关研究还比较割裂，另一方面也说明这些关键词出现的时间还比较短，未来可能成为新兴的研究热点，比如"可持续""数字平台""大数据分析""消费者行为""价值共创""供应链"和"数字化转型"等。

4. 第四象限：边缘话题

第四象限的关键词具有高频次与低中心度的特征，代表了研究的边缘话题，比如"影响""模型""战略"和"信息"等，这些关键词反映的研究话题与其他话题的关联度不高，是相对独立的研究话题。

参考文献

[1]董成惠.共享经济：理论与现实[J].广东财经大学学报，2016，31(05)：4-15.

[2]何超，张建琦，刘衡.分享经济：研究评述与未来展望[J].经济管理，2018，40(1)：191-208.

[3]杨朦晰，陈万思，周卿钰，杨百寅.中国情境下领导力研究知识图谱与演进：1949—2018年题名文献计量[J].南开管理评论，2019，22(04)：80-94.

[4]Belk R. You are what you can access：Sharing and collaborative consumption online[J]. Journal of Business Research，2014，67(8)：1595-1600.

[5]Belk R. Why not share rather than own？[J]. Annals of the American

Academy of Political and Social Science, 2007, 611(1): 126-40.

[6] Hara N, Solomon P, Kim S L, Sonnenwald D H. An emerging view of scientific collaboration: Scientists' perspectives on collaboration and factors that impact collaboration [J]. Journal of the Association for Information Science and Technology, 2003, 54(10): 952-965.

[7] Hamari J, Sjöklint M, Ukkonen A. The sharing economy: Why people participate in collaborative consumption[J]. Journal of the Association for Information Science & Technology, 2016, 67(9): 2047-2059.

[8] Cheng M. Sharing economy: A review and agenda for future research[J]. International Journal of Hospitality Management, 2016, 57: 60-70.

[9] Jiang B J, Lin T. Collaborative consumption: Strategic and economic implications of product sharing[J]. Management Science, 2018, 64(3): 1171-1188.

[10] Sloboda B. The sharing economy: The end of employment and the rise of crowd-based capitalism[J]. The Journal of Economics, 2019, 45(1): 95-97.

[11] John B, Davide P, Georgios Z. The rise of the sharing economy: Estimating the impact of Airbnb on the hotel industry [J]. Journal of Marketing Research, 2017, 54(5): 687-705.

[12] Fleura B, Eckhardt G M. Access-based consumption: The case of car sharing[J]. Journal of Consumer Research, 2012, 39(4): 881-898.

[13] Cachon G P, Kaitlin M D, Ruben L. The role of surge pricing on a service platform with self-scheduling capacity [J]. Manufacturing & Service Operations Management, 2017, 19(3): 368-384.

[14] Lin B W, Chen C J. Fostering product innovation in industry networks: The mediating role of knowledge integration[J]. International Journal of Human Resource Management, 2007, 17(1): 155-173.

[15] Chang S J, Chung C, Mahmood I P. When and how does business group

affiliation promote firm innovation? A Tale of two emerging economies[J].
Organization Science, 2006, 17(5): 637-656.

[16] Martínez-Torres M R, Toral S L, Barrero F, Cortés F. The role of Internet
in the development of future software projects[J]. Internet Research, 2010,
20(1): 72-86.

第2章　平台市场中的网络众包

2.1　模式简介与文献检索

2.1.1　模式简介

作为一种新兴的商业模式，网络众包在近些年获得了快速的发展，它具有低成本、高效率和个性化程度好的优势，是对企业传统组织模式的有效补充，从而被世界知名企业，如 IBM、Netflix、宝洁、波音和海尔等广泛采用。同时，在网络众包的发展过程中，出现了一批专业性的众包平台，它们在市场中扮演着中介的角色，并实现了多赢的局面：对于发包方来说，通过众包平台可以寻求大众智慧，并以较低的成本获得解决方案；对于接包方来说，通过众包平台可以参与发包方提出的任务，并将自身的闲余资源变现；对于众包平台来说，通过提供了相应的交易场所和机制，可以获取一定的服务佣金。因此，网络众包的快速发展催生了许多典型的网络众包平台，见表2.1。

表 2.1 网络众包领域的典型平台

典型平台	功能介绍
InnoCentive	成立于 2001 年，由美国制药企业礼来公司的 3 名科学家筹备建立，利用网络智囊团的形式来寻求解决企业在研发过程中遇到的难题
Threadless	2000 年由 Jake Nickell 和 Jacob DeHart 建立，公司设在芝加哥。是一家半服装生产商半社交网站公司，利用众包设计新 T 恤
任务中国	2006 年初创办，致力于帮助中小企业和个人找到适合工作者以及为社会闲余劳动力提供工作机会
猪八戒网	猪八戒网成立于 2006 年，是服务中小微企业的人才共享平台

  网络众包的内在逻辑是"大众+平台+利益"，具体的运行机制如图 2.1 所示。首先，发包方和接包方需要注册平台会员，然后发包方通过众包平台向接包方发起任务并设定奖金，接包方接收合适的任务并提交解决方案，发包方选择最优解决方案并支付奖金。同时，在交易过程中，为保证众包交易正常进行，需要由平台建立违约处理机制，并对发包方和接包方行为进行监管。因此，众包平台是众包发起者和参与者的连接桥梁与中介。

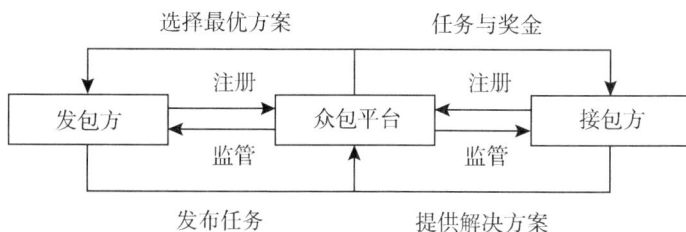

图 2.1　网络众包的运行机制

  综上，伴随着互联网经济的发展，平台市场中的网络众包取得了较好的实践应用，并且在国内外出现了很多成功的网络众包平台。近年来，与网络众包相关的学术研究也取得了一定的进展。本章从国家与机构、期刊与作者、基础文献以及共现与聚类，进行研究现状的梳理，并从时间轴线、突现分析以及趋势预测，进行热点演变与研究趋势的分析，进而从宏观和微观的视角同时分析平台市场中的网络众包，从而为平台市场中网络众包的相关企业提供实践借鉴，同时为网络众包的后续研究提供一定的方向和建议。

2.1.2 文献检索

本章以 Web of Science 数据库的核心期刊集为数据来源，对平台市场中网络众包的相关研究进行检索。为了避免检索中误检和漏检的情况，在参考经典文献和咨询相关专家的前提下，针对研究主题设计了合理的逻辑关系检索式，从而确保检索结果能够尽量全面地覆盖该领域的代表性结果，检索设计和检索结果如表 2.2 所示。具体而言，根据平台市场中网络众包的提出时间和文献检索的初步结果，检索的时间范围最终设定为 2008—2021 年。此外，由于本书重点关注管理学领域的相关研究，结合网络众包领域相关研究的特点，分别从管理学的四个细分领域进行了文献收集与检索：信息管理（Information Management）、市场营销（Marketing）、运营管理（Operations Management）和一般管理（General Management）。[①] 进一步，为了保证文献的质量，针对每个细分领域，选定 ABS 三星及以上的期刊（共计 173 本期刊，具体期刊目录详见附录），[②] 并进行期刊内的关键词检索（关键词详见附录），根据以上检索规则，共检索到 487 篇网络众包的相关文献。

[①] 运营管理包括 OPS & TECH 和 OR & MAN SCI；一般管理包括 ETHICS-CSR-MAN、HRM & EMP、IB & AREA、ORG STUD 和 STRAT。

[②] 由于信息管理领域与平台市场关系更加紧密，因此，信息管理领域选择 ABS 两星及以上期刊。

表 2.2   检索设计与检索结果

数据库	Web of Science 数据库核心期刊集
检索方式	期刊内关键词检索
文献类型	article/review/proceeding-paper
时间跨度	2008—2021 年
检索时间	2022 年 5 月
文献数量(篇)	487

将文献数据导入 Citespace 之前,对检索到的 487 篇文献进行了再次筛选和分析,结果显示有 24 篇重复文献,因此,最终获得 463 篇有效文献。图 2.2 所示为发文数量的年度分布情况,整体来看,网络众包领域的发文数量逐年递增且呈指数增长趋势($y = 1.46e^{0.327x}$, $R^2 = 0.8222$)。可划分为两个阶段:2012 年以前,年均发文数量少于 10 篇,且增长缓慢;从 2012 年开始,网络众包行业得到了快速发展,发文数量也由此而明显上升,尤其自 2016 年以来,一直保持着较高的发文量,并在 2021 年达到最高峰(88 篇),这也说明以平台市场作为依托的网络众包已经成为当今研究的热点话题。

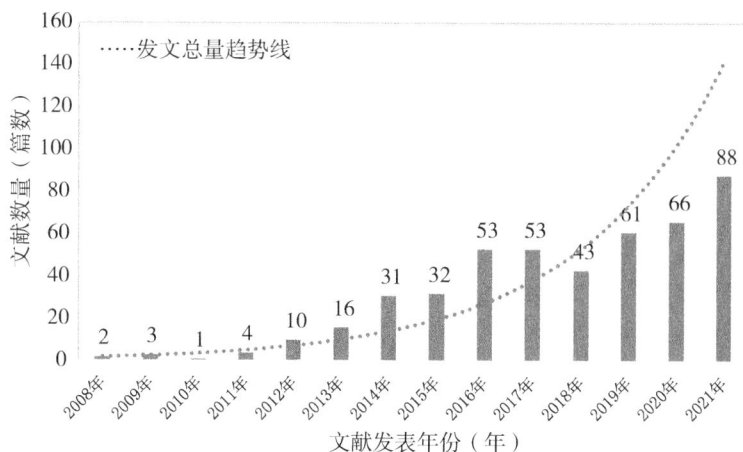

图 2.2   平台市场中的网络众包发文量的年度分布(2008—2021 年)

2.2　研究现状

2.2.1　文献分布

本小节从国家/地区、研究机构、作者和期刊四个方面对网络众包的文献分布进行了统计分析。Citespace 将各个国家/地区与各个研究机构的发文数量、合作情况和中心度通过年轮的形式展示出来，年轮的大小代表发文数量，而年轮中最外围圆圈的宽度则代表中心度，圆圈的宽度越大则表示中心度越高。图 2.3 所示是以国家/地区和研究机构同时作为网络节点而制作的知识图谱，其中节点有 251 个，连线有 361 条。

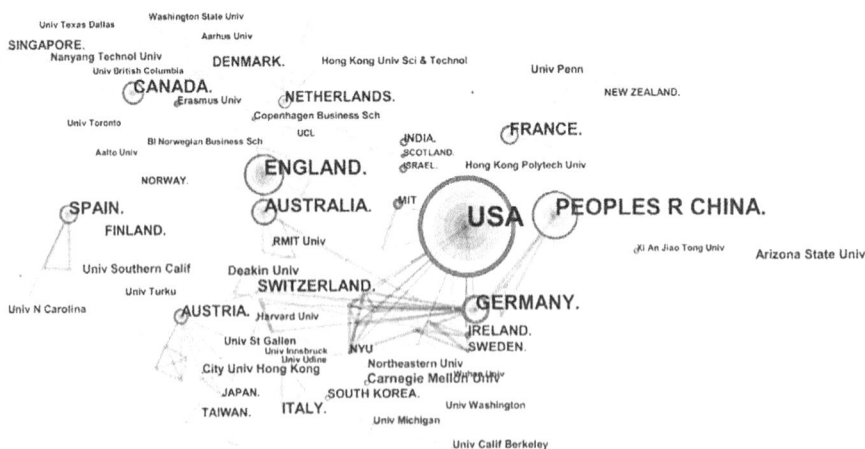

图 2.3　国家/地区与研究机构的知识图谱

根据知识图谱中的数据进行汇总整理，可以得到国家/地区与研究机构的发文量和中心度排名，具体如表 2.3 所示。

表2.3 国家/地区与研究机构的发文量和中心度排名(依据发文量排名前15)

排名	发文量	中心度	国家/地区	发文量	中心度	研究机构
1	201	0.69	美国	10	0.17	卡内基梅隆大学
2	77	0.29	中国	9	0.02	迪肯大学
3	46	0.31	英国	9	0.02	亚利桑那州立大学
4	39	0.47	德国	8	0.08	南加州大学
5	30	0.3	澳大利亚	8	0.12	香港城市大学
6	27	0.22	加拿大	7	0.02	美国东北大学
7	25	0.24	西班牙	7	0.15	皇家墨尔本理工大学
8	21	0.24	法国	7	0.02	宾夕法尼亚大学
9	19	0.07	瑞士	7	0.15	纽约大学
10	17	0.27	奥地利	6	0.41	麻省理工学院
11	15	0.05	意大利	6	0	加利福尼亚大学伯克利分校
12	13	0.12	荷兰	6	0.08	南洋理工大学
13	12	0.08	丹麦	6	0.02	北卡罗来纳大学
14	11	0.02	芬兰	6	0.04	圣加仑大学
15	11	0.56	爱尔兰	5	0.02	香港科技大学

结合图2.3和表2.3可知,就发文量而言,美国的发文量最多(201篇),其次是中国(77篇)、英国(46篇)、德国(39篇)、澳大利亚(30篇)和加拿大(27篇)。美国的研究机构以高校为主,如:卡内基梅隆大学(10篇)、亚利桑那州立大学(9篇)、南加州大学(8篇)和美国东北大学(7篇)等。从影响力来看,美国的节点中心度最大(0.69),其次是爱尔兰(0.56)、德国(0.47)、英国(0.31)和澳大利亚(0.3)等,而研究机构中的麻省理工学院(0.41)和卡内基梅隆大学(0.17)的节点中心度较为突出。同时,通过分析知识图谱可知,平台市场中的网络众包领域已经形成了几个核心学术群体,如"美国-德国-中国""澳大利亚-英国-瑞士""加拿大-新西兰-丹麦"和"印度-法国"等,这些学术群体形成了较为密切的合作网络。

就我国而言，目前在网络众包领域已经形成了一定的国际影响力。首先，从发文数量上来看，位居第二，并且发文数量较多(77 篇)；其次，从发文影响力来看，我国处于网络中心区域①，且连线较多，并依托于高校与德国等国家保持着联系；最后，在科研机构上来看，主要集中在香港城市大学(8 篇)、香港科技大学(5 篇)和西安交通大学(4 篇)等。因此，虽然我国在网络众包领域取得了一定的进展，但同时还应该加强与核心学术群体之间的合作，进一步提升我国在该领域的学术影响力。

通过对文献作者的分析，可以识别一个研究领域的核心作者及其之间的合作强度和互引关系。因此，利用 Citespace 进行作者共现的聚类分析，并得到如图 2.4 所示的知识图谱，作者名字的大小节表示作者发文量，节点间的连线代表作者存在合作关系，连线粗细表示作者合作的强弱程度，共有 279 个节点、137 条连线。

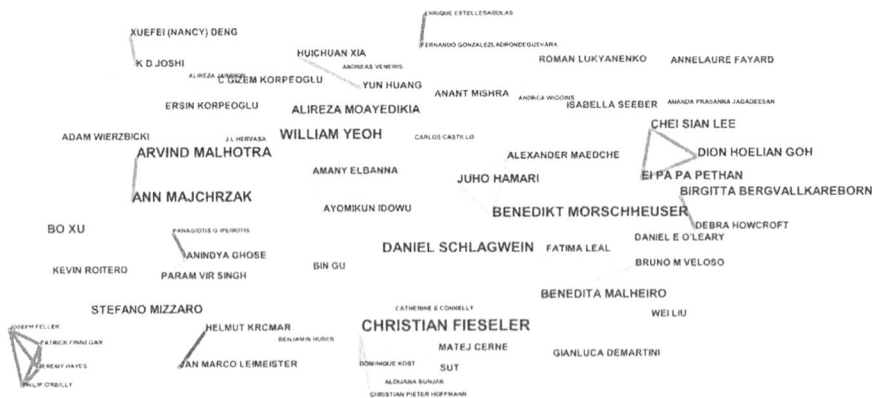

图 2.4　作者共现的知识图谱

根据知识图谱中的数据进行汇总整理，可以得到文献作者的发文量排名，具体如表 2.4 所示。

---

① 由于篇幅有限，图 2.3 只显示了部分结果，而我国在完整版的网络众包领域国家/地区与研究机构的知识图谱中处于网络的中心地位。

表2.4 作者的发文量排名(前20)

排序	发文量	作者	发文机构
1	5	Christian Fieseler	挪威商学院(挪威)
2	4	Benedikt Morschheuser	卡尔斯鲁厄理工学院(德国)
3	4	Daniel Schlagwein	新南威尔士州澳大利亚商业学校(澳大利亚)
4	4	Arvind Malhotra	北卡罗来纳大学(美国)
5	4	Ann Majchrzak	南加州大学(美国)
6	4	William Yeoh	迪肯大学(澳大利亚)
7	3	Juho Hamari	坦佩雷理工大学(芬兰)
8	3	Alireza Moayedikia	斯威本科技大学(澳大利亚)
9	3	Bo Xu	复旦大学(中国)
10	3	Benedita Malheiro	波尔图理工学院(葡萄牙)
11	3	Ei Pa Pa Pethan	南洋理工学院(新加坡)
12	3	Birgitta Bergvall-Kareborn	吕勒奥理工大学(瑞典)
13	3	Chei Sian Lee	南洋理工学院(新加坡)
14	3	Dion Hoe-Lian Goh	南洋理工学院(新加坡)
15	3	Stefano Mizzaro	乌迪内大学(意大利)
16	2	Wei Liu	青岛大学(中国)
17	2	Debra Howcroft	曼彻斯特商学院(英国)
18	2	Sut	挪威商学院(挪威)
19	2	Bruno M Veloso	波尔图大学(葡萄牙)
20	2	Matej Cerne	卢布尔雅那大学(斯洛文尼亚)

结合图2.4和表2.4可知,发文量较多的作者主要来自美国、澳大利亚、挪威和新加坡。从作者的合作网络来看,网络众包领域的研究整体呈现"小集中,大分散"的特征,高产作者的研究团队已初具规模,形成了几个核心研究团队,但团队之间的联系还较弱。从图中可以看出,作者的合作网络大体上分为两类:一类是来自同一研究机构的合作关系,如南洋理工学院的 Ei Pa Pa Pethan、Chei Sian Lee 和 Dion Hoe-Lian Goh 组成的合作团队,挪威商学院的 Christian Fieseler 和 Sut 组成的合作团队,这两个团队在该领域发文量均达3~5篇;另一类是来自不同研究机构的合作关系,

如：坦佩雷理工大学的 Juho Hamari 和卡尔斯鲁厄理工学院的 Benedikt Morschheuser，北卡罗来纳大学的 Arvind Malhotra 和迪肯大学的 William Yeoh。核心作者群体关注的问题包括用户参与网络众包的影响因素分析、网络众包中的人力资源管理和网络众包的模式与机制研究等。

表 2.5 统计了发文数量排名前 10 的期刊，从中可以看出网络众包发文数量较多的期刊主要分布在信息管理领域，如 *Computers in Human Behavior* 和 *Decision Support Systems* 等期刊，这说明网络众包得到了该领域的广泛关注。此外，一般管理领域的相关期刊的发文数量也较多，如 *California Management Review* 等期刊。运营管理领域中的期刊 *Management Science* 对网络众包的发文数量也较多。

表 2.5   期刊发文数量的排名（前 10）

排序	期刊名称	篇数	细分领域
1	*Computers in Human Behavior*	25	Information Management
2	*Decision Support Systems*	23	Information Management
3	*International Journal of Human Computer Studies*	19	Information Management
4	*California Management Review*	17	General Management
5	*Information Processing & Management*	16	Information Management
6	*Information Systems Research*	16	Information Management
7	*Management Science*	16	Operations Management
8	*Journal of the Association for Information Science and Technology*	14	Information Management
9	*Information Systems Frontiers*	13	Information Management
10	*Journal of Systems and Software*	13	Information Management

考察一个期刊在某个领域的影响力，不仅需要关注该期刊在这个领域的发文数量，而且还需要分析该期刊在这个领域的被引频次。因此，利用 Citespace 对检索到的全部文献进行期刊被引的知识图谱分析，如图 2.5 所

示，图中圆圈的大小代表了被引频次的高低。

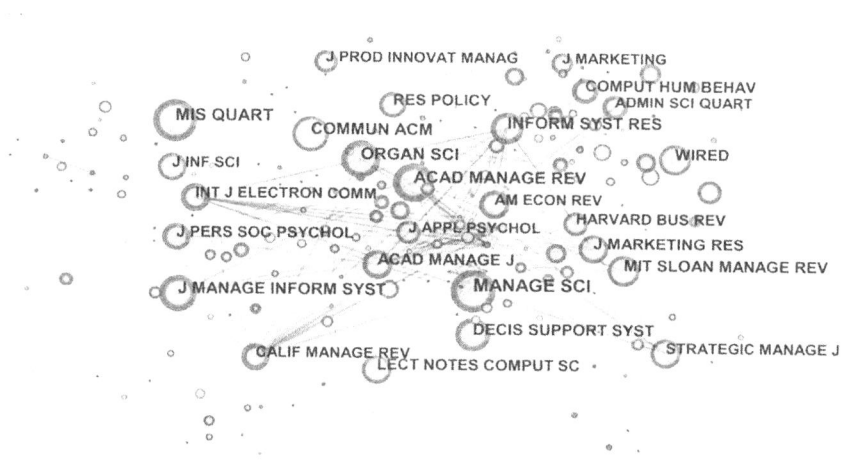

图 2.5 期刊被引的知识图谱

根据知识图谱中的数据进行汇总整理，可以得到期刊被引频次的排名，如表 2.6 所示。其中，被引频次最高的期刊是来自运营管理领域的 *Management Science*。此外，被引频次排名靠前的其他期刊大致分为两类：一类是信息管理领域的期刊，如 *MIS Quarterly* 和 *Information Systems Research* 等期刊；另一类是一般管理领域的期刊，如 *Academy of Management Review* 和 *Organization Science* 等期刊，这说明平台市场中的网络众包得到了信息管理学者和一般管理学者的广泛关注。

表 2.6 期刊被引频次的排名（前 10）

排序	期刊名称	被引频次	细分领域
1	*Management Science*	201	Operations
2	*MIS Quarterly*	155	Information Management
3	*Academy of Management Review*	145	General Management
4	*Organization Science*	133	General Management

排序	期刊名称	被引频次	细分领域
5	*Information Systems Research*	130	Information Management
6	*Communications of the ACM*	128	Information Management
7	*Journal of Management Information Systems*	119	Information Management
8	*Decision Support Systems*	114	Information Management
9	*Academy of Management Journal*	105	General Management
10	*MIT Sloan Management Review*	102	General Management

2.2.2　文献梳理

本小节从基础文献和文献聚类两个方面梳理网络众包的相关文献,基础文献是指被学者广泛认可和引用的文献,它们能够反映某个领域的基础知识。本章对网络众包领域的相关文献进行关键节点分析,从而识别出该领域的基础文献及其核心学者,得到了如图 2.6 所示的文献共被引知识图谱,其中,共有 533 个节点、1946 条连线。

图 2.6　文献共被引的知识图谱(作者)

根据知识图谱中的数据汇总整理，得到如表 2.7 所示被引频次和中心度较高的基础文献(根据被引频次排名前 10)。

表 2.7 被引频次和中心度较高的基础文献(根据被引频次排名前 10)

序号	被引频次	中心度	发表时间	第一作者(姓)	论文名称
1	29	0.02	2012	Arolas	Towards an integrated crowdsourcing definition
2	28	0.17	2012	Afuah	Crowdsourcing as a solution to distant search
3	24	0.17	2013	Bayus	Crowdsourcing new product ideas over time: An analysis of the Dell idea storm community
4	20	0.09	2016	Deng	The duality of empowerment and marginalization in microtask crowdsourcing: Giving voice to the less powerful through value sensitive design
5	18	0.03	2010	Jeppesen	Marginality and problem-solving effectiveness in broadcast search
6	17	0.07	2011	Boudreau	Incentives and problem uncertainty in innovation contests: An empirical analysis
7	15	0	2011	Doan	Crowdsourcing systems on the world-wide web
8	14	0.17	2016	Bockstedt	Heterogeneous submission behavior and its implications for success in innovation contests with public submissions
9	14	0.05	2017	Wooten	Idea generation and the role of feedback: Evidence from field experiments with innovation tournaments
10	13	0.02	2012	Mason	Conducting behavioral research on Amazon's Mechanical Turk

根据图 2.6 和表 2.7 分析可得，随着网络众包平台的蓬勃发展，平台市场中网络众包的相关研究也逐步成熟，而 2011—2013 年则是网络众包的相关研究取得关键性发展的 3 年，这一时期的研究结果成为该领域最主要的基础文献。10 篇基础文献中被引频次和中心度都较高的文献是 Afuah 于 2012 年发表的《Crowdsourcing as a solution to distant search》，该论文发现网络众包有助于企业将远程搜索转化为本地搜索，从而提高问题解决的效率和效果。被

引频次最高的文献是 Arolas 于 2012 年发表的《Towards an integrated crowdsourcing definition》，该论文通过总结网络众包的理论定义，提炼网络众包的共同要素，并建立网络众包的基本特征，进而给出了网络众包的完整定义。此外，诸多基础文献在探讨平台市场中网络众包的运作机制，如 Bockstedt(2016)研究了网络众包中解决方案的非匿名投递机制，即接包方者可以看到其他人投递的解决方案，结果表明，与匿名投递机制相比，这种非匿名投递机制对解决方案的投递数量和质量都有着显著的影响。

通过 Citespace 对检索到的 463 篇文献进行聚类分析，得到 15 个较大规模的聚类，且同一聚类下的文献呈现较强的关联度。其中，有 533 个网络节点、1946 条连线，具体如图 2.7 所示。通过聚类分析而提取出来的众包新产品、众包竞赛、用户参与度、人力资源管理理论、众包模式评估等充分揭示出了网络众包的研究现状。此外，图 2.7 表明网络众包研究已经发展出一定的细分领域，且呈现出集中性较强和重叠度较高的特点。

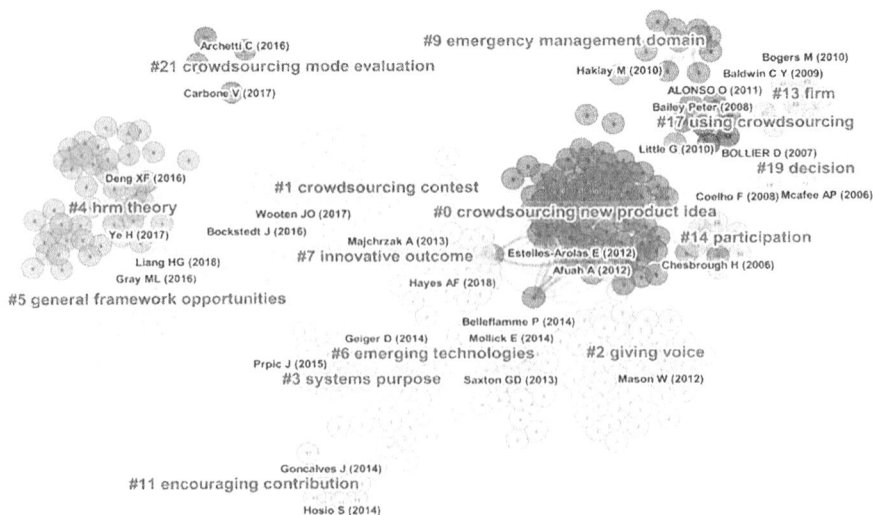

图 2.7　文献共被引的知识图谱(聚类分析)①

① 在本小节的聚类分析中如果某个聚类的文献篇数少于一定的数量，则在知识图谱中就没有展示，这是聚类编号不连续的原因。

进一步，根据知识图谱中的数据汇总整理，得到如表 2.8 所示的文献聚类的具体信息和研究内容。

表 2.8　　　　　　　　文献聚类的具体信息和研究内容

聚类编号	文献数量	聚类名称	研究内容
0	85	crowdsourcing new product idea	基于相关理论，比如信息系统理论和公平期望理论，探讨影响众包绩效的各种因素，如众包任务的设计、动机和知识多样性等
1	53	crowdsourcing contest	讨论可以提升众包绩效的机制，如问题规范、货币报酬、解决方案范例和任务分配决策
2	53	giving voice	研究网络众包作为新型就业市场的一系列问题，如工作者赋权问题、工作者满意度问题等
3	52	system purpose	探讨了游戏化众包设计，如积分和领导板对众包用户参与度和众包工作质量的正向影响
4	44	HRM theory	基于人力资源管理理论探索众包作为一种零工经济形式如何可持续发展
5	32	general framework opportunities	分析网络众包的框架及特点，并且提出参与者特征、属性等因素影响众包工作质量
6	23	emerging technologies	研究新兴技术的发展如何促进众包在更多领域得到运用，如提升中小企业服务形象
7	21	innovative outcome	基于知识创造理论，研究了不同的知识共享轨迹对众包创新成果的影响
9	15	emergency management domain	主要研究危机众包的理论框架，为应急管理领域的众包设计提供支撑
11	13	encouraging contribution	主要探讨了移动众包和情境众包的设计与用户激励、贡献问题
13	7	firm	主要从内外动机和知识多样性因素探讨众包工作质量的提升问题
14	7	participation	主要基于外在动机和内在动机理论构建模型，并解释参与众包竞赛和任务属性的影响
17	7	using crowdsourcing	将众包运用于相关性评估，认为众包是一种廉价、快捷、可靠的相关性评估替代方案

续表

聚类编号	文献数量	聚类名称	研究内容
19	6	decision	主要探讨了网络众包等互联网工具的使用如何改变企业的决策方式
21	4	crowdsourcing mode evaluation	将众包交付与传统交付作比较，并以定量的方式评价不同的众包运作模式

聚类#0(crowdsourcing new product idea)：这一聚类的文献数量最多，共 85 篇文献，被引用时间大多在 2010—2018 年，基于相关理论，比如信息系统理论和公平期望理论，探讨影响众包的各种因素，如众包任务设计、动机和知识多样性等。这一聚类的代表性文献包括《What can crowdsourcing do for decision support?》和《Does this sound like a fair deal? Antecedents and consequences of fairness expectations in the individual's decision to participate in firm innovation》等。

聚类#1(crowdsourcing contest)：这一聚类的文献数量较多，共 53 篇文献，被引用时间大多在 2010—2016 年，讨论如何提升网络众包的绩效，如问题规范、货币报酬、解决方案范例和任务分配决策等。这一聚类的代表性文献包括《Seeker exemplars and quantitative ideation outcomes in crowdsourcing contests》《Toward a real-time and budget-aware task package allocation in spatial crowdsourcing》和《The role of problem specification in crowdsourcing contests for design problems：A theoretical and empirical analysis》等。同时，由知识图谱可知，这一聚类与聚类#7(innovative outcome)和聚类与#5(general framework opportunities)存在较强的关联。

聚类#2(giving voice)：这一聚类的文献首次被引时间大多在 2014—2016 年，从工作特征理论和工作价值视角探讨了众包作为新型就业市场的一系列问题，如工作者赋权问题和工作者满意度问题等。这一聚类的代表性文献包括《Amazon mechanical Turk and the commodification of labor》《Work experiences on MTurk：Job satisfaction, turnover, and information sharing》和《Of crowds and talents：Discursive constructions of global online labor》等。

聚类#3(system purpose):这一聚类的文献首次被引用的时间主要在 2009—2019 年,基于游戏化行为理论,探讨了游戏化众包设计,如积分和领导板对众包用户参与度和众包工作质量的正向影响。这一聚类的基础文献主要是《Cooperation or competition-when do people contribute more? A field experiment on gamification of crowdsourcing》。同时,由知识图谱可知,这一聚类和聚类#6(emerging technologies)有较强的关联,聚类#6 的基础文献包括《Is it a tool or a toy? How user's conception of a system's purpose affects their experience and use》和《Gamified crowdsourcing:Conceptualization, literature review, and future agenda》等。

聚类#4(HRM theory):这一聚类的文献首次被引用的时间主要在 2009—2019 年,基于人力资源管理理论,探索了众包作为一种零工经济形式如何可持续发展,如接包方的职业承诺问题以及发包方的机会主义行为。这一聚类的基础文献主要包括《Working in the digitized economy:HRM theory & practice》《Empirical investigation of participation on crowdsourcing platforms:A gamified approach》和《From crafting what you do to building resilience for career commitment in the gig economy》等。

聚类#5(general framework opportunities):这一聚类的文献首次被引用的时间主要在 2018—2019 年,与聚类#1 和聚类#7 有一定的关联。该聚类分析网络众包的框架和特点,并提出参与者特征、属性等因素对众包工作质量的影响机制。这一聚类的基础文献主要包括《General framework, opportunities and challenges for crowdsourcing techniques:A comprehensive survey》《Citizen science:An information quality research frontier》《Investigating participants' attributes for participant estimation in knowledge-intensive crowdsourcing:A fuzzy dematel based approach》等。

综上,平台市场中网络众包的相关研究大致可以归纳为三个方面:(1)聚类#0、聚类#1、聚类#5、聚类#7、聚类#13 和聚类#14,探讨网络众包的工作质量和创新成果;(2)聚类#2 和聚类#4 研究网络众包的人力资源管理;(3)聚类#6、聚类#9、聚类#11、聚类#17、聚类#19 和聚类#21 讨论网络众包在不同情境下的运用。

2.2.3 关键词共现

关键词是对一篇文献核心观点的提炼，是对文献内容的高度概括，出现频次和中心度较高的关键词一般都是学术界共同关注的研究问题，能够较好地代表某个领域的研究现状。平台市场中网络众包领域的关键词共现的知识图谱如图 2.8 所示，其中，共有 302 个节点、592 条连线，图中各节点的大小表示关键词出现频次的高低，节点越大，说明关键词出现的频次越高，而连线则表示关键词之间的共现，连线越粗，说明关键词共现的频次越高。

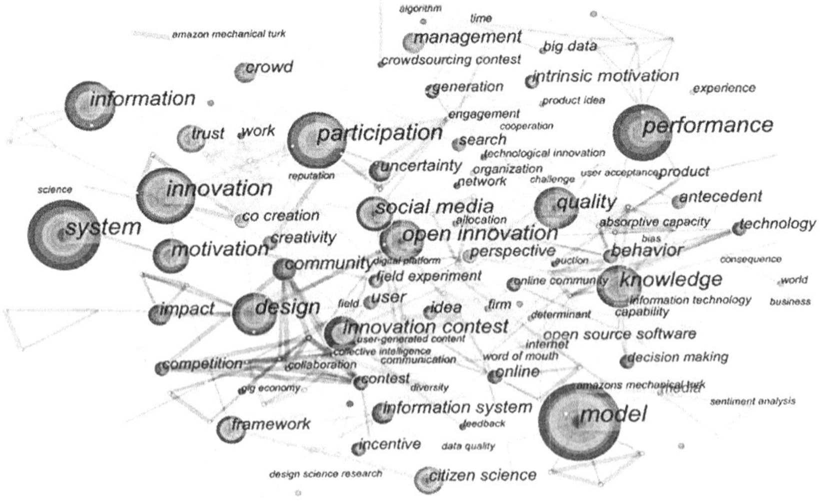

图 2.8 关键词共现的知识图谱

根据知识图谱中的数据汇总整理，得到如表 2.9 所示的出现频次和中心度较高的关键词(根据出现频次排名前 30)：出现频次最高的关键词是 system，其次是 model、performance、innovation、participation 和 design 等。结合图 2.8 和表 2.9 可以发现，平台市场中网络众包领域的研究话题不断扩大，根据对关键词的分析，可以将研究文献大体归纳为如下几类：第一类是具有

participation、innovation 和 motivation 等关键词的相关文献，主要以实践中比较成功的猪八戒网、threadless 等众包平台为研究对象，探讨网络众包中用户的参与动机与激励因素；第二类是具有 trust、impact 和 performance 等关键词的相关文献，运用了批判的思维来分析网络众包的经济后果，即网络众包虽然提高了知识、技能和资源的利用效率，但同时也带来了信任和绩效等方面的问题；第三类是具有 system、information 和 technology 等关键词的相关文献，着重探讨信息技术与众包平台之间的内在联系。

关键词在共现网络中的中心度越大，表明该关键词与其他关键词共同出现的频次越高，则该关键词在共现网络中的影响力也就越大。由表 2.9 可知，关键词出现频次与中心度之间并不存在必然的正相关关系。中心度较高的关键词有 community、perspective、behavior、innovation 和 knowledge 等，这些关键词代表了网络众包领域内的核心话题，且与其他话题之间存在较大的关联性。

表 2.9　　关键词的出现频次和中心度(根据出现频次排名前 30)

排序	频次	中心度	关键词	排序	频次	中心度	关键词
1	48	0	system	16	18	0.14	behavior
2	48	0.04	model	17	17	0.39	community
3	46	0.03	performance	18	16	0.09	information system
4	45	0.12	innovation	19	16	0.05	crowd
5	44	0.08	participation	20	15	0.04	intrinsic motivation
6	35	0.08	design	21	15	0.09	user
7	35	0.04	open innovation	22	14	0.15	perspective
8	33	0.02	information	23	14	0.03	framework
9	33	0.12	knowledge	24	14	0.01	trust
10	30	0.07	motivation	25	13	0.06	uncertainty
11	29	0.08	social media	26	13	0.05	idea
12	26	0.06	innovation contest	27	13	0.07	creativity

排序	频次	中心度	关键词	排序	频次	中心度	关键词
13	25	0.01	quality	28	13	0.02	antecedent
14	20	0	impact	29	13	0	citizen science
15	19	0.03	management	30	13	0.07	online

2.3　热点演变与研究趋势

2.3.1　时间轴线

本小节通过关键词共现来分析网络众包领域的研究热点，并以时区视图的方式来呈现关键词共现的知识图谱，从而揭示研究热点的演变规律，具体如图 2.9 所示，每个节点表示一个关键词，节点越大，表示关键词出现的频次越高，节点所处的时区表示该关键词首次出现的时间，节点之间的连线表示两个关键词同时出现在同一篇文献中。由图 2.9 可知，比较重要的关键词按出现的时间顺序依次为 knowledge、model、innovation、design、performance、participation、motivation、system、quality 和 information 等。

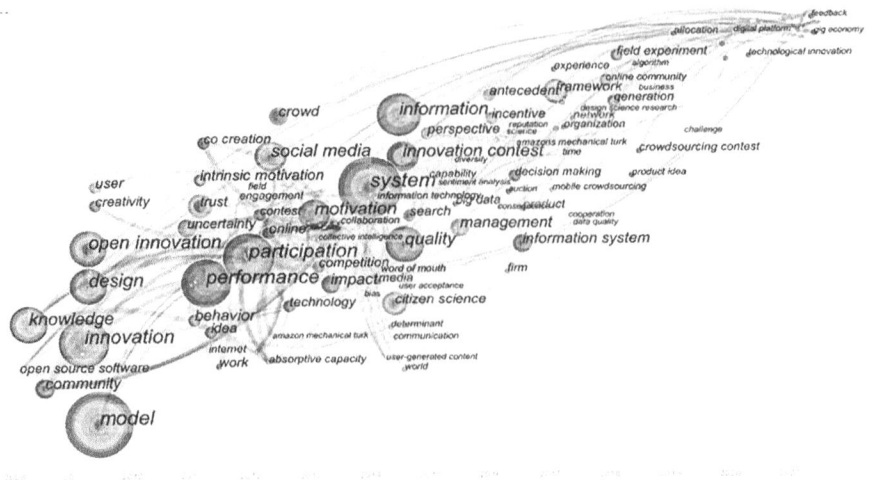

图 2.9　关键词共现的知识图谱(时区视图)

　　根据知识图谱中的数据汇总整理，得到如表 2.10 所示的各年份的高频关键词，关键词所对应的年份是其首次出现的时间，从表中可以看出，2014 年是一个重要的时间点，在 2014 年之前的关键词比较分散，2014 年开始出现了 system 和 information 等非常重要的关键词，网络众包的研究也逐渐聚焦在平台市场的范畴，众多学者开始更加系统和全面地研究网络众包，同时也陆续出现了全新的关键词，如：2015 年出现了 big data 和 2016 年出现了 information system 等关键词；2017 年出现了 framework、network 和 information system 等关键词；2018 年出现了 online community 等关键词；2019 年出现了 allocation 等关键词；近两年又涌出现了 technological innovation、digital platform、gig economy 和 knowledge contribution 等关键词。

表 2.10　　　　　　　　　　　各年份的高频关键词

年份	关　键　词
2008	knowledge, community, open source software
2009	model, innovation, design, open innovation, user, creativity
2010	open innovation, problem solving, marginality, gender, broadcast search
2011	performance, behavior, intrinsic motivation, trust, uncertainty, idea, co-creation, work, internet, user innovation
2012	participation, social media, crowd, online, technology, contest
2013	motivation, impact, competition, collaboration
2014	system, information, innovation contest, quality, citizen science, search, media
2015	management, perspective, big data, capability
2016	information system, antecedent, incentive, product
2017	framework, network, experience, organization
2018	generation, field experiment, crowdsourcing contest, online community, product idea
2019	allocation, challenge

续表

年份	关　键　词
2020	technological innovation, digital platform
2021	gig economy, feedback, task analysis, mediating role, economics, knowledge contribution

通过对关键词的聚类分析来探讨网络众包领域的研究热点，并以时区视图的方式来呈现知识图谱，具体如图 2.10 所示，关键词的聚类分析将关键词划分为 9 大类，从#0 到#8 分别为：citizen science, self-determination theory, open source software, resilience, game theory, innovation management, multitasking, Amazon mechanical Turk 和 wikipedia。其中，聚类#0 中关键词的发展路径是技术、公民科学、大数据到社交网络等，这一聚类主要对网络众包在大数据和社交网络情景中的相关应用进行了研究。聚类#1 中关键词的发展路径是众包竞赛、数据质量到信息质量等，这一聚类主要讨论了网络众包中的竞赛机制，并讨论了创新竞赛中各种因素对获取数据和信息质量的影响。聚类#2 中关键词的发展路径是开放式源码软件、社区、创意竞赛到理论驱动设计，阐述了网络众包竞赛的任务设计等因素对众包工作质量的影响。聚类#3 中关键词的发展路径是弹性、用户创新、准确度、聚集到个体劳动等，论证了网络众包对于用户创新和提供个体劳动机会的重要意义。聚类#4 中关键词的发展路径是游戏化理论、货币满足到用户接受等，从游戏化理论视角研究众包用户参与度和接受度。聚类#5 中关键词的发展路径是内在动机、联盟、合作到经验分析等，用实证分析的方式说明用户动机和合作行为是影响众包的重要因素。聚类#6 中关键词的发展路径是信息技术、多任务、价值创造、社会影响到偏好市场等。通过定性方法分析众包价值创造过程及其社会影响。聚类#7 中关键词的发展路径是共同创造、经验式设计到不确定性等，探讨经验式设计众包过程中的不确定性结果。聚类#8 中关键词的发展路径是预期正义、先行因素到认知等，以维基百科等为研究对象，探究众包的运作机制。此外，聚

类#2、聚类#6、聚类#7 和聚类#8 的研究持续性较差,并不是研究的热点;
聚类#3 和聚类#4 持续到了 2021 年,说明这两个方面的研究仍然是热点
话题。

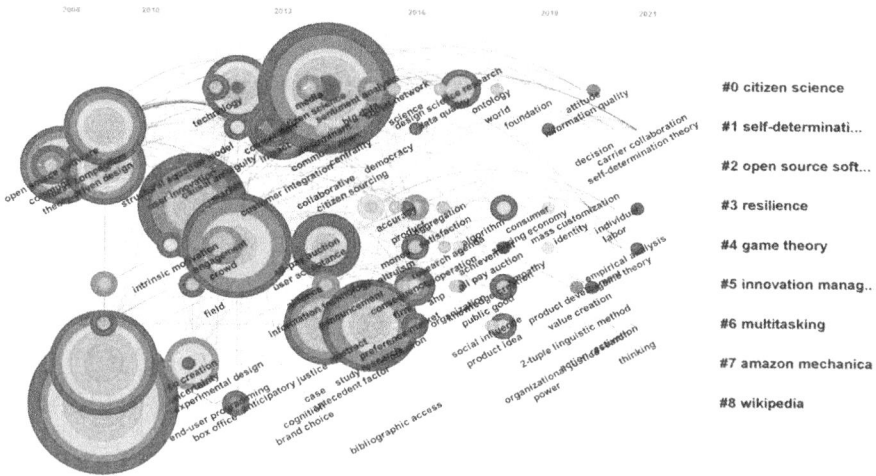

图 2.10　关键词的聚类分析(时区视图)

2.3.2　突现分析

突现文献具有较高的研究价值,能够反映某个领域研究热点的演变,
本小节采用 Citespace 提供的突现检测算法,得到如表 2.11 所示的突现文
献,表中标识了突现的强度、突现的起止年份,有助于观察研究热点的演
进脉络。突现文献的研究主题可以划分为以下几个方面:(1)有关网络众
包模式的探讨,以及众包机制的设计;(2)有 8 篇突现文献开始于 2016
年,并结束于 2019 年,这一阶段的研究话题主要是从不同的视角探讨网络
众包模式的经济后果;(3)网络众包模式在各个领域的应用及其影响要素
的分析。综上,网络众包领域的研究热点在不断变化,未来的研究热点可
能依旧会围绕网络众包的商业模式、机制设计和影响要素等方面展开。

表2.11　　　　　　突现文献(根据开始年份排名前20)

序号	作者	文献标题	突现强度	开始年	结束年
1	Howe	Crowdsourcing: Why the power of the crowd is driving the future of business	5.15	2009	2013
2	Brabham	Moving the crowd at threadless: Motivations for participation in a crowdsourcing application	4.05	2011	2015
3	Jeppesen	Marginality and problem-solving effectiveness in broadcast search	7.84	2012	2015
4	Leimeister	Leveraging crowdsourcing: Activation-supporting components for IT-based ideas competition	5.54	2012	2014
5	Afuah	Crowdsourcing as a solution to distant search	6.01	2013	2017
6	Boudreau	Incentives and problem uncertainty in innovation contests: An empirical analysis	5.68	2013	2016
7	Poetz	The value of crowdsourcing: Can users really compete with professionals in generating new product ideas?	3.99	2013	2016
8	Schenk	Towards a characterization of crowdsourcing practices	3.32	2013	2016
9	Doan	Crowdsourcing systems on the world-wide web	5.8	2014	2016
10	Zheng	Task design, motivation, and participation in crowdsourcing contests	4.63	2014	2016
11	Ross	Who are the crowdworkers? Shifting demographics in mechanical Turk	3.58	2014	2015
12	Buhrmester	Amazon's mechanical Turk: A new source of inexpensive, yet high-quality, data?	3.07	2014	2016
13	Bayus	Crowdsourcing new product ideas over time: An analysis of the Dell Idea Storm community	4.08	2015	2018
14	Mason	Conducting behavioral research on Amazon's mechanical turk	3.56	2015	2017
15	Saxton	Rules of crowdsourcing: Models, issues, and systems of control	3.42	2015	2018

序号	作者	文献标题	突现强度	开始年	结束年
16	Estelles-Arolas	Towards an integrated crowdsourcing definition	7.64	2016	2017
17	Boudreau	Using the crowd as an innovation partner	4.28	2016	2018
18	Mollick	The dynamics of crowdfunding: An exploratory study	3.15	2016	2017
19	Geiger	Personalized task recommendation in crowdsourcing information systems-current state of the art	3.74	2017	2019
20	Deng	The duality of empowerment and marginalization in microtask crowdsourcing: Giving voice to the less powerful through value sensitive design	5.53	2018	2021

除了文献突现以外，还可以运用关键词突现来跟踪研究热点的演变，利用 Citespace 探测短时间内出现频次迅速增加的关键词，这可以在很大程度上体现学者们研究热点的变化。表 2.12 列出了出现频次激增的关键词，表中标识了突现的强度、突现的起止年份，这有助于观察研究热点的演进脉络。由表 2.12 可知，"社区""用户创新""开放式创新""信息技术"和"信任"等关键词突现已经结束，这些关键词代表了当时阶段的研究热点。而"信息系统""挑战"等关键词的突现仍未结束，将成为现在以及未来一段时间的研究热点。

表2.12　　　　　　突现关键词(根据开始年份排名前 20)

排序	关键词	突现强度	开始年份	结束年份
1	open source software	3.17	2008	2014
2	community	2.61	2008	2015
3	user innovation	1.86	2011	2013

续表

排序	关键词	突现强度	开始年份	结束年份
4	information technology	2.05	2014	2015
5	open innovation	2.03	2014	2015
6	communication	1.86	2014	2017
7	search	1.7	2014	2016
8	bias	1.49	2014	2017
9	sentiment analysis	2.13	2015	2016
10	trust	1.92	2015	2016
11	capability	1.65	2015	2017
12	big data	1.57	2015	2017
13	internet	1.46	2015	2018
14	firm	2.95	2016	2018
15	crowd	2.36	2016	2017
16	science	1.98	2016	2017
17	accuracy	1.48	2016	2017
18	consequence	1.47	2016	2018
19	information system	3.30	2019	—
20	challenge	2.37	2019	—

2.3.3 趋势预测

本小节采用战略图的方式来绘制网络众包领域关键词的分布,从而进行研究趋势的预测,具体如图 2.11 所示,以关键词的出现频次作为 X 轴、以关键词的中心度作为 Y 轴,原点代表频次和中心度的中值,分析可知:

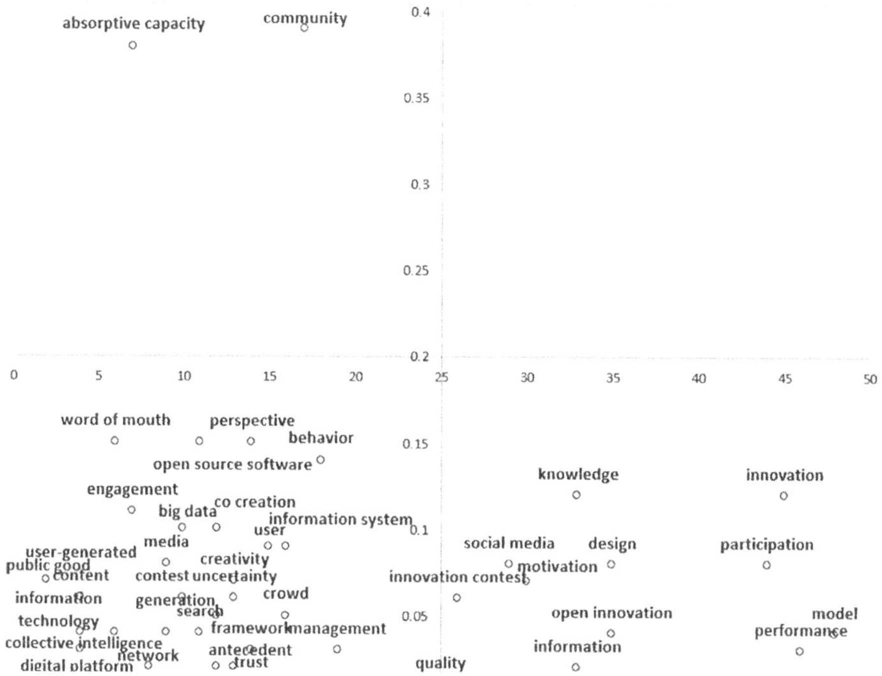

图 2.11　网络众包领域的关键词分布

1. 第一象限：主流话题

第一象限的关键词具有较高的频次与中心度的特点，代表了当前研究的主流话题，并且与其他话题的关联度较高。根据图 2.11，发现平台市场中的网络众包领域并没有出现第一象限的关键词，这说明网络众包领域虽然取得了一定的研究成果，但是目前还没有形成主流的研究话题。

2. 第二象限：高潜热点

第二象限的关键词具有低频次与高中心度的特点，代表了具有较高潜力的热点话题，根据图 2.11，发现平台市场中的网络众包领域中的众包社区和吸收能力等关键词属于第二象限，这些将是未来一段时间来的热点话题。

3. 第三象限：孤岛话题

第三象限的关键词既不具备高频次，也不具有高中心度，代表了研究的孤岛话题，根据图 2.11，发现平台市场中的网络众包领域的孤岛话题较为严重，这一方面说明相关研究还比较割裂，另一方面也说明这些关键词出现的时间还比较短，未来可能成为新兴的研究热点，比如"大数据""公民科技""不确定性""信任""口碑"和"智慧数字平台"等。

4. 第四象限：边缘话题

第四象限的关键词具有高频次与低中心度的特征，代表了研究的边缘话题，比如"系统""模型"和"信息"等，这些关键词反映的研究话题与其他话题的关联度不高，是相对独立的研究话题。

参考文献

[1] 刘伟，丁凯文，刘德海. 基于微分博弈的网络众包违约风险控制机制研究[J]. 系统工程理论与实践，2019，39(10)：2559-2568.

[2] Afuah A, Tucci C L. Crowdsourcing as a solution to distant search[J]. Academy of Management Review, 2012, 37(3)：355-375.

[3] Estelles-Arolas E, Gonzalez-Ladron-de-Guevara F. Towards an integrated crowdsourcing definition[J]. Journal of Information Science, 2012, 38(2)：189-200.

[4] Bockstedt J, Druehl C, Mishra A. Heterogeneous submission behavior and its implications for success in innovation contests with public submissions[J]. Production and Operations Management, 2016, 25(7)：1157-1176.

[5] Chiu C M, Liang T P, Turban E. What can crowdsourcing do for decision

support? [J]. Decision Support Systems, 2014, 65: 40-49.

[6] Franke N, Keinz P, Klausberger K. Does this sound like a fair deal? Antecedents and consequences of fairness expectations in the individual's decision to participate in firm Innovation[J]. Organization Science, 2013, 24(5): 1495-1516.

[7] Koh T K, Cheung M Y M. Seeker exemplars and quantitative ideation outcomes in crowdsourcing contests [J]. Information Systems Research, 2022, 33(1): 265-284.

[8] Wu P, Ngai E W T, Wu Y. Toward a real-time and budget-aware task package allocation in spatial crowdsourcing[J]. Decision Support Systems, 2018, 110: 107-117.

[9] Jiang Z, Huang Y, Beil D R. The role of problem specification in crowdsourcing contests for design problems: A theoretical and empirical analysis[J]. Manufacturing & Service Operations Management, 2020, 23 (3): 637-656.

[10] Bergvall-Kåreborn B, Howcroft D. Amazon mechanical Turk and the commodification of labor[J]. Social Science Electronic Publishing, 2014, 29(3): 213-223.

[11] Brawley A M, Pury C L S. Work experiences on MTurk: Job satisfaction, turnover, and information sharing[J]. Computers in Human Behavior, 2016, 54: 531-546.

[12] Pongratz H J. Of crowds and talents: Discursive constructions of global online labor[J]. Journal of Technology & Science, 2018, 33(1): 58-73.

[13] Morschheuser B, Hamari J, Maedche A. Cooperation or competition – When do people contribute more? A field experiment on gamification of crowdsourcing [J]. International Journal of Human-Computer Studies, 2019, 127: 7-24.

[14] Kse D B, Morschheuser B, Hamari J. Is it a tool or a toy? How user's

conception of a system's purpose affects their experience and use [J].
International Journal of Information Management, 2019, 49: 461-474.

[15] Morschheuser B, Hamari J, Koivisto J, Maedche A. Gamified
crowdsourcing: Conceptualization, literature review, and future agenda
[J]. International Journal of Human-Computer Studies, 2017, 106: 26-
43.

[16]Connelly C E, Fieseler C, Erne M, Giessner S R, Wong S I. Working in
the digitized economy: HRM theory & practice [J]. Human Resource
Management Review, 2020, 31(1): 1-7.

[17] Behl A, Sheorey P A, Chavan M, Jain K, Jadeja I. Empirical
investigation of participation on crowdsourcing platforms: A gamified
approach[J]. Journal of Global Information Management, 2021, 29(6):
1-27.

[18]Wong S I, Kost D, Fieseler C. From crafting what you do to building
resilience for career commitment in the gig economy[J]. Human Resource
Management Journal, 2021, 31(4): 918-935.

[19] Bhatti SS, Gao X, Chen G. General framework, opportunities and
challenges for crowdsourcing techniques: A Comprehensive survey [J].
The Journal of Systems & Software, 2020, 167: 1-26.

[20]Lukyanenko R, Wiggins A, Rosser H K. Citizen science: An information
quality research frontier[J]. Information Systems Frontiers, 2020, 22(4):
961-983.

第3章 平台市场中的网络众筹

3.1 模式简介与文献检索

3.1.1 模式简介

2015年6月，国务院发布的《关于大力推进大众创业万众创新若干政策措施的意见》中提出，以网络众筹促融资，发展实物、股权众筹和网络借贷等相关产业。网络众筹是指个人或团体在没有金融机构介入的前提下，通过互联网平台从大众群体获得投资支持（Mollick，2014）。整体而言，基于平台市场的网络众筹主要有四种类型：(1)产品众筹，也被称为基于奖励的众筹，这类众筹属于当下最流行的一种众筹模式；(2)公益众筹，这类众筹的投资人并不期望获得直接的回报；(3)债权众筹，这类众筹中的投资人以贷款的形式提供资金，并获得一定的投资回报率；(4)股权众筹，投资者在这类众筹中能过获得企业一定的股权或等价物。

作为一种全新的筹资模式，网络众筹在近十年的时间获得了快速发展，也由此而催生了许多典型的网络众筹平台，见表3.1。最大的众筹平台 Kickstarter 于2009年在纽约成立，据 Kickstarter 的官网统计，截至2021

年平台募集资金总额已达到 63 亿美元。点名时间是我国的第一家众筹平台，于 2011 年成立。2013 年，综合众筹平台众筹网成立，筹资者可以根据需要在众筹网中选择四种不同的众筹类型。因此，众筹网在成立一年以后就占据了约三分之一的众筹市场。我国网络众筹市场也由此进入了发展快车道，大型电商平台纷纷开拓网络众筹板块，如京东、淘宝和苏宁等。

表 3.1　　　　　　　　　　　众筹类型与典型平台

众筹类型	典型平台
产品众筹	Kickstarter、摩点网、京东众筹、Indiegogo
公益众筹	水滴筹、轻松筹、Firstgiving
债权众筹	宜人贷、人人贷、恒易融
股权众筹	天使汇、众投邦、东家、人人投

整体而言，平台市场中的网络众筹有两种不同的运作模式：第一种是 Keep-It-All(KIA) 模式，即不管筹资项目成功与否，筹资人都可以在众筹结束后获得筹集到的全部资金，这种模式运用于某一些众筹平台，比如 Indiegogo 和追梦网等平台；第二种是 All-Or-Nothing(AON) 模式，即如果筹资人在众筹结束前实现了筹资目标，那么可以获得全部的筹集资金，相反，筹集资金将全部返还给出资人，这种模式被广泛运用于一些众筹平台，比如 Kickstarter、京东众筹和摩点网等。

综上，平台市场中的网络众筹取得了较好的实践应用，并且在国内外出现了很多成功的网络众筹平台。近年来，与网络众筹相关的学术研究也取得了一定的进展。本章从国家与机构、期刊与作者、基础文献以及共现与聚类进行研究现状的梳理，并从时间轴线、突现分析以及趋势预测进行热点演变与研究趋势的分析，从而为平台市场中网络众筹的相关企业提供实践借鉴，同时也为网络众包的后续研究提供一定的方向和建议。

3.1.2 文献检索

本章以 Web of Science 数据库中的核心期刊集为数据来源，对平台市场中的网络众筹的相关研究进行检索。为了避免检索中误检和漏检的情况，在参考经典文献和咨询相关专家的前提下，针对研究主题设计了合理的逻辑关系检索式，从而确保检索结果能够尽量全面覆盖该领域的代表性结果，检索设计和检索结果如表 3.2 所示。根据平台市场中网络众筹的提出时间和文献检索的初步结果，检索的时间范围最终设定为 2004—2021 年。此外，本书重点关注管理学领域的相关研究，结合网络众筹领域的研究特点，分别从管理学的四个细分领域进行了文献收集与检索：信息管理（Information Management）、市场营销（Marketing）、运营管理（Operations Management）和一般管理（General Management）。① 针对每个细分领域，选定 ABS 三星及以上的期刊（共计 173 本期刊，具体期刊目录详见附录）②，并进行期刊内的关键词检索（具体关键词详见附录），根据以上检索规则，共检索到 299 篇网络众筹的相关文献。

表 3.2 文献检索方式

数据库	Web of Science 数据库核心期刊集
检索方式	期刊内关键词检索
文献类型	article/review/proceeding-paper
时间跨度	2004—2021 年
检索时间	2022 年 5 月
文献数量（篇）	299

① 运营管理包括 OPS & TECH 和 OR & MAN SCI；一般管理包括 ETHICS-CSR-MAN、HRM & EMP、IB & AREA、ORG STUD 和 STRAT。
② 由于信息管理领域与平台市场关系更加紧密，因此，信息管理领域选择 ABS 两星及以上期刊。

将文献数据导入 Citespace 之前，对检索到的 299 篇文献进行再次筛选和分析，结果显示并没有重复文献，因此，最终获得 299 篇有效文献。图 3.1 所示为发文数量的年度分布情况，整体来看，网络众筹领域的发文数量逐年递增。发文情况可划分为两个阶段：2016 年以前，年均发文数量少于 5 篇，且增长缓慢；从 2016 年开始，网络众筹行业得到了快速发展，发文数量也由此而明显上升，一直保持着较高的发文量，并在 2021 年达到最高峰(101 篇)，这也说明以平台市场为依托的网络众筹已经成为当今研究的热点话题。

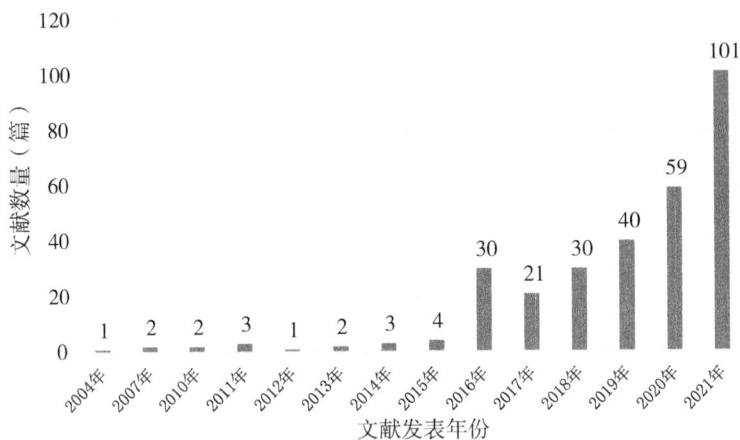

图 3.1 平台市场中网络众筹发文量的年代分布(2004—2021 年)

3.2 研究现状

3.2.1 文献分布

本小节从国家/地区、研究机构、作者和期刊四个方面对网络众筹的文献分布进行统计分析。Citespace 可以将各个国家/地区与研究机构的发文数量、合作情况和中心度通过年轮的形式展示出来，其中，年轮的大小代表了发文数量的多少，而年轮中最外围圆圈的宽度则代表中心度，圆圈的宽度越大，表示中心度取值越高，即论文的影响力越大。图 3.2 所示是国家/地区和研究机构同时作为网络节点而制作的知识图谱，其中，节点有 167 个，连线有 201 条。

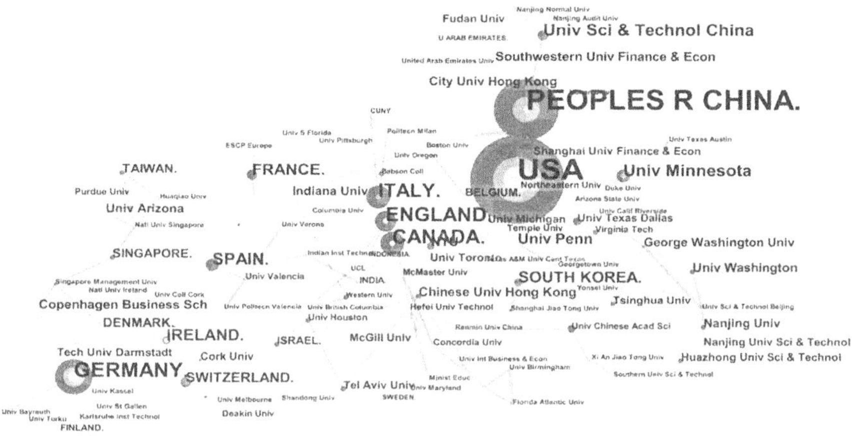

图 3.2 国家/地区与研究机构的知识图谱

根据知识图谱中的数据进行汇总整理，可以得到国家/地区与研究机构的发文量和中心度排名，具体如表 3.3 所示。

表 3.3 国家/地区与研究机构的发文量和中心度排名(前 15)

排名	发文量	中心度	国家/地区	发文量	中心度	研究机构
1	118	0.81	美国	12	0.20	明尼苏达大学
2	82	0.33	中国	11	0.07	中国科技大学
3	22	0.21	德国	8	0.05	宾夕法尼亚大学
4	21	0.44	加拿大	6	0.02	西南财经大学
5	20	0.27	英国	6	0.02	华盛顿大学

排名	发文量	中心度	国家/地区	发文量	中心度	研究机构
6	17	0.13	意大利	6	0.07	哥本哈根商学院
7	12	0.17	西班牙	6	0.26	香港中文大学
8	10	0.4	澳大利亚	6	0.41	纽约大学
9	10	0.19	爱尔兰	5	0.07	南京大学
10	10	0.26	法国	5	0.02	亚利桑那大学
11	9	0.2	韩国	5	0.15	乔治华盛顿大学
12	7	0.25	瑞士	5	0.08	印第安纳大学
13	6	0.07	丹麦	5	0.04	香港城市大学
14	6	0	中国台湾	4	0.04	达姆施塔特工业大学
15	5	0.09	新加坡	4	0.20	特拉维夫大学

　　结合图3.2和表3.3可知,就发文量而言,美国的发文量最多(118篇),其次是中国(82篇)、德国(22篇)、加拿大(21篇)、英国(20篇)和意大利(17篇)。美国的研究机构多以高校为主,如:明尼苏达大学(10篇)、宾夕法尼亚大学(8篇)、华盛顿大学(6篇)、纽约大学(6篇)、亚利桑那大学(5篇)和乔治·华盛顿大学(5篇)等。从发文的影响力来看,美国的节点中心度最大(0.81),其次是加拿大(0.44)、中国(0.33)、英国(0.27)、法国(0.26)和瑞士(0.25)等,而研究机构中的纽约大学(0.41)和香港中文大学(0.26)的节点中心度较为突出。同时,通过分析知识图谱可以发现,平台市场中的网络众筹领域已经形成了几个核心学术群体,如"美国-中国""意大利-英国-加拿大""法国-西班牙"和"德国-丹麦-爱尔兰"等,这些核心学术群体形成了较为密切的合作网络。

　　就我国而言,目前在网络众筹领域已经形成了一定的国际影响力:首先,从发文数量上来看,位居第二,并且发文数量较多(82篇);其次,从发文影响力来看，我国处于网络中心区域①，且连线较多，依托于高校，与美国和韩国等国家均保持着密切联系；最后，在研究机构上来看，主要集中在中国科技大学(11篇)、西南财经大学(6篇)和南京大学(5篇)等。因此，虽然我国在网络众筹领域取得了一定的进展，但同时还应该加强与核心学术群体国家或机构之间的合作，进一步提升我国在该领域的学术影响力。

通过作者共现分析，可以识别一个研究领域的核心作者及其之间的合作强度和互引关系。因此，利用 Citespace 进行作者共现聚类分析，得到如图 3.3 所示的知识图谱，作者名字的大小节表示发文量的多少，节点间的连线代表作者间存在合作关系，连线粗细表示合作的强弱程度，共有 189 个节点、131 条连线。

图 3.3　作者共现的知识图谱

根据知识图谱中的数据进行汇总整理，可以得到文献作者的发文量排名，如表 3.4 所示。

---

① 由于篇幅有限，图 3.2 只显示了部分结果，而我国在完整版的国家/地区与研究机构的知识图谱中处于网络的中心地位。

表3.4 **作者的发文量排名(前 20)**

排序	发文量	作者	发文机构
1	9	Gordon Burtch	波士顿大学(美国)
2	6	Haichao Zheng	西南财经大学(中国)
3	6	Rob Gleasure	哥本哈根商学院(丹麦)
4	5	Alexander Benlian	达姆施塔特工业大学(德国)
5	5	Anindya Ghose	纽约大学(美国)
6	5	Bo Xu	复旦大学(中国)
7	4	Joseph Feller	爱尔兰科克大学(爱尔兰)
8	4	Ferdinand Thies	伯尔尼应用科技大学(瑞士)
9	3	Avi Goldfarb	多伦多大学(美国)
10	3	Ethan Mollick	宾夕法尼亚大学(美国)
11	3	Sunil Wattal	福克斯商学院(美国)
12	3	Gongbing Bi	中国科学技术大学(中国)
13	2	Shengsheng Xiao	清华大学(中国)
14	2	Juho Hamari	坦佩雷大学(芬兰)
15	2	Claire Bogusz	哥德堡大学(瑞士)
16	2	Michael Wessel	哥本哈根商学院(丹麦)
17	2	Khaled Jabeur	哥本哈根商学院(丹麦)
18	2	Benedikt Morschheuser	埃尔朗根-纽伦堡大学(德国)
19	2	Anton Shevchenko	瓦尔纳自由大学(保加利亚)
20	2	Wen Zhang	中国科学技术大学(中国)

　　结合图3.3和表3.4可知，发文量较多的作者主要来自美国、中国、丹麦、德国和瑞士等。从作者的合作网络来看，网络众筹领域的研究整体呈现"小集中，大分散"的特征，作者的合作网络大体上可以划分为两类，一类是来自同一研究机构的合作关系，如来自西南财经大学的 Haichao Zheng 和 Tao Wang 组成的合作团队，中国科学技术大学的 Wen Zhang 和 Weizhe Yang 组成的合作团队；另一类是来自不同研究机构的合作关系，如麻省理工学院的 Christian Catalini 与多伦多大学的 Ajay Agrawalh 和 Avi Goldfarb，波士顿大学

的 Gordon Burtch、纽约大学的 Anindya Ghose 以及天普大学的 Sunil Wattal 组成的研究团队。核心作者群体关注的问题主要包括众筹平台的商业模式、网络众筹绩效的影响因素和网络众筹的顾客行为等。

表 3.5 统计了发文数量排名前 10 的期刊,从表中可以看出,网络众筹发文数量较多的期刊主要分布在信息管理领域,如 *Information Systems Research* 和 *Internet Research* 等期刊,说明网络众筹得到了该领域的广泛关注。此外,运营管理领域相关期刊的发文数量也较多,如 *Management Science*,*Production and Operations Management* 和 *European Journal of Operational Research* 等期刊。一般管理领域中的期刊 *Journal of Business Ethics* 和 *Organization Science* 关于网络众筹的发文数量也较多。

表 3.5 期刊发文数量的排名(前 10)

排序	期刊名称	篇数	细分领域
1	*Information Systems Research*	8	Information Management
2	*Management Science*	7	Operations Management
3	*Journal of Business Ethics*	6	General Management
4	*Production and Operations Management*	5	Operations Management
5	*Internet Research*	5	Information Management
6	*European Journal of Operational Research*	5	Operations Management
7	*Electronic Commerce Research and Applications*	5	Information Management
8	*Computers in Human Behavior*	5	Information Management
9	*Organization Science*	4	General Management
10	*MIS Quarterly*	4	Information Management

考察一个期刊在某个领域的影响力,不仅需要关注该期刊在这个领域的发文数量,而且还需要分析该期刊在这个领域的被引频次。因此,利用 Citespace 对检索到的全部文献进行期刊被引的知识图谱分析,具体如图 3.4 所示,图中圆圈的大小代表了被引频次的高低。

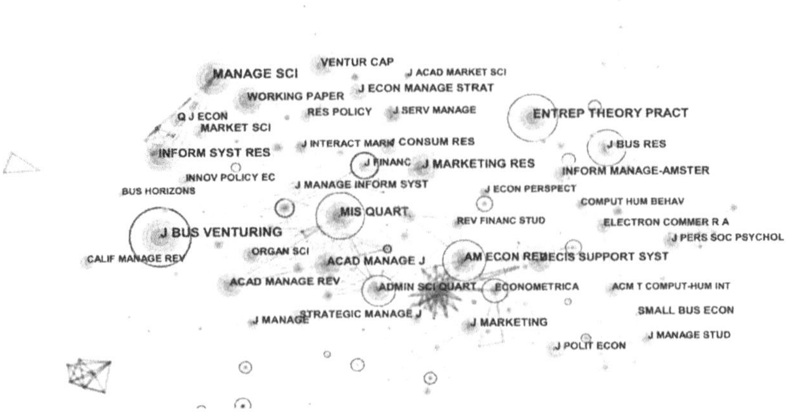

图 3.4　期刊被引的知识图谱

根据知识图谱中的数据进行汇总整理，可以得到期刊被引频次的排名，如表 3.6 所示。其中，被引频次最高的期刊是来自运营管理领域的 *Management Science*。此外，被引频次排名靠前的期刊中在其他三个细分领域都有涉及，如信息管理领域的期刊 *MIS Quarterly*，*Information Systems Frontiers* 和 *Decision Support Systems*，一般管理领域的期刊 *Academy of Management Journal*，*Academy of Management Review* 和 *Journal of Business Research*，营销管理领域 *Journal of Marketing Research*，*Marketing Science* 和 *Journal of Consumer Research*，这说明平台市场中的网络众筹得到了管理学各个领域的广泛关注。

表 3.6　　　　　　　　　　期刊被引频次的排名(前 10)

排序	期刊	被引频次	细分领域
1	*Management Science*	209	Operations Management
2	*Information Systems Frontiers*	130	Information Management
3	*Journal of Marketing Research*	121	Marketing
4	*MIS Quarterly*	113	Information Management

排序	期刊	被引频次	细分领域
5	*Decision support systems*	93	Information Management
6	*Academy of Management Journal*	92	General Management
7	*Academy of Management Review*	90	General Management
8	*Marketing Science*	88	Marketing
9	*Journal of Business Research*	85	General Management
10	*Journal of Consumer Research*	76	Marketing

3.2.2 文献梳理

本小节从基础文献和文献聚类两个方面梳理网络众筹的相关文献，基础文献是指被学者广泛认可和引用的文献，它们能够反映某个领域的基础知识。本小节对网络众筹领域的相关文献进行关键节点分析，从而识别该领域的基础文献及其核心学者，具体如图 3.5 所示的文献共被引知识图谱，共有 440 个节点、1588 条连线。

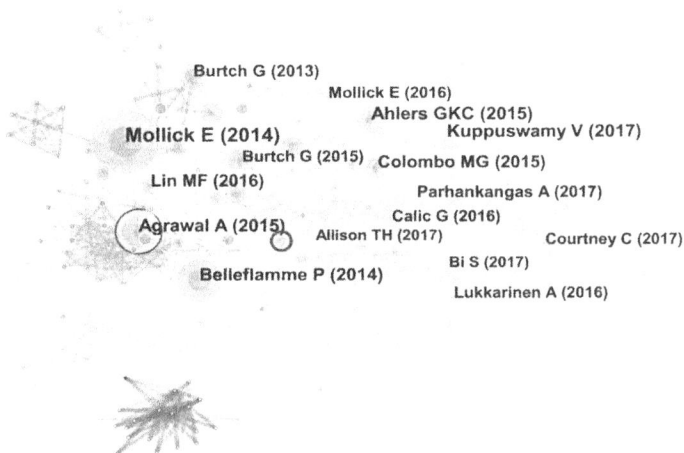

图 3.5 文献共被引的知识图谱(作者)

71

　　根据知识图谱中的数据汇总整理，得到如表 3.7 所示被引频次和中心度较高的基础文献(根据被引频次排名前 10)。

表 3.7　被引频次和中心度较高的基础文献(根据被引频次排名前 10)

序号	被引频次	中心度	发表时间	第一作者(姓)	论文名称
1	89	0.04	2014	Mollick	The dynamics of crowdfunding：An exploratory study
2	54	0	2014	Belleflamme	Crowdfunding：Tapping the right crowd
3	51	0.17	2015	Agrawal	Crowdfunding：Geography, social networks, and the timing of investment decisions
4	48	0.06	2015	Ahlers	Signaling in equity crowdfunding
5	47	0.03	2017	Kuppuswamy	Does my contribution to your crowdfunding project matter?
7	41	0.06	2015	Colombo	Internal social capital and the attraction of early contributions in crowdfunding
7	41	0.01	2016	Lin	Home bias in online investments：An empirical study of an online crowdfunding market
8	34	0.07	2017	Parhankangas	Linguistic style and crowdfunding success among social and commercial entrepreneurs
9	34	0.05	2013	Burtch	An empirical examination of the antecedents and consequences of contribution patterns in crowd-funded markets
10	33	0	2016	Mollick	Wisdom or madness? Comparing crowds with expert evaluation in funding the arts

　　根据图 3.5 和表 3.7 分析可得，平台市场中的网络众筹的相关研究已经逐步成熟，而 2015—2018 年是网络众筹的相关研究取得关键性发展的 3 年，这一时期的研究结果成为该领域的主要基础文献。10 篇基础文献中被引频次和中心度都较高的是 Agrawal 于 2015 年发表的《Crowdfunding：

Geography, social networks, and the timing of investment decisions》，文章基于
Sellaband 众筹平台的相关数据，阐述了网络众筹平台的三个属性：更容易
搜索、不需要监控和提供信息。被引频次最高的文献是 Mollick 于 2012 年
发表的《The dynamics of crowdfunding：An exploratory study》，作者基于 48500
多个众筹项目的数据，从动态的视角研究了网络众筹成功与否的潜在原因。
此外，诸多基础文献在探讨平台市场中网络众筹的运作机制和众筹绩效的影
响因素，比如，Kuppuswamy(2017)研究了众筹项目获得的支持随时间变化的
规律，从 Kickstarter 的实践数据中发现众筹获得的支持会随着项目接近其目
标而增加，但达到目标后网络众筹获得的支持会显著减少。

通过 Citespace 对检索到的 299 篇文献进行聚类分析，共得到 11 个较
大规模的聚类，且同一聚类之下的文献呈现较强的关联度，共有 440 个节
点、1588 条连线，具体如图 3.6 所示。聚类分析中提取出来的经济效果、
探索研究、股权众筹、隐私倾向、众筹成功和众筹平台等充分揭示了平台
市场中网络众筹的研究现状。此外，图 3.6 表明网络众筹研究已经发展出
了一定的细分领域，且呈现出集中性较强和重叠度较高的特点。

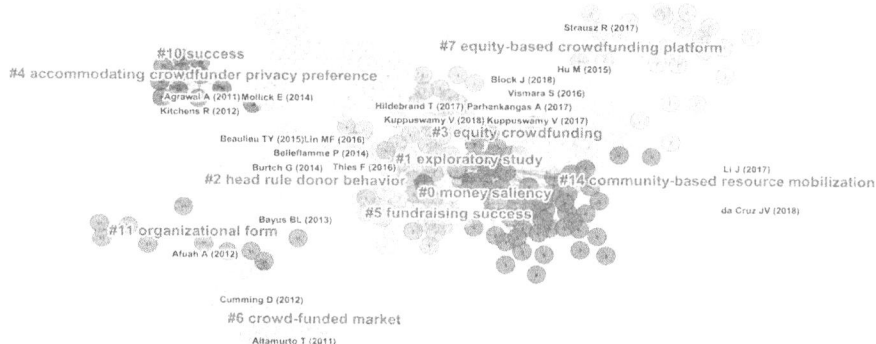

图 3.6　文献共被引知识图谱 ①

———————

① 在本小节的聚类分析中如果某个聚类的文献篇数少于一定的数量，则在知识
图谱中就没有展示，这是聚类编号不连续的原因。

进一步，根据知识图谱中的数据汇总整理，得到如表 3.8 所示的文献聚类的具体信息和研究内容。

表 3.8　　　　　　　　　文献聚类的具体信息和研究内容

聚类编号	文献数量	聚类名称	研究内容
0	66	money saliency	讨论众筹金额对结果的显著性影响
1	50	exploratory study	通过实验方法进行网络众筹研究
2	43	head rule donor behavior	基于社会关系视角研究公众对网络众筹的态度
3	42	equity crowdfunding	基于资本视角探讨影响网络众筹融资绩效的相关因素
4	39	crowdfunder privacy preference	研究网络众筹中的隐私偏好
5	37	fundraising success	研究不同众筹平台的成功因素
6	29	crowd-funded market	网络众筹中的市场运行机制
7	24	equity-based crowdfunding platform	基于资本视角探讨影响网络众筹中平台的作用
10	11	success	基于制度视角探讨众筹平台
11	10	organization form	基于研究组织视角探究网络众筹
14	7	community-based resource mobilization	基于资源整合视角研究众筹平台

聚类#0(money saliency)：这一聚类的文献数量最多，共 66 篇文献，被引用时间大多是在 2015—2019 年。这一聚类的文献主要基于 Kickstarter 平台进行相关研究，代表性文献主要包括《The effects of money saliency and sustainability orientation on reward based crowdfunding success》和《Internal social capital and the attraction of early contributions in crowdfunding》等。此外，这一聚类与聚类#5(fundrasing success)有着较强的关联。

聚类#1（exploratory study）：这一聚类的文献数量较多，共 50 篇文献，被引时间大多是在 2015—2017 年。这一聚类的文献主要通过实验方法进行了网络众筹的探索性研究，代表性文献主要包括《What, where, who, and how? A bibliometric study of crowdfunding research》《Using past contribution patterns to forecast fundraising outcomes in crowdfunding》等。此外，这一聚类与聚类#5（fundrasing success）也有着较强的关联。

聚类#2（head rule donor behavior）：这一聚类的文献数量也较多，共 43 篇文献，被引时间大多是在 2010—2013 年，相较于实证研究，这一聚类的文献更偏向于案例研究以及语义分析的研究方式。代表性文献主要包括《Inclusive technologies, selective traditions：A socio-material case study of crowdfunded book publishing》和《A rift in the ground：Theorizing the evolution of anchor values in crowdfunding communities through the oculus rift case study》等。这一聚类和聚类#4（crowdfunder privacy preference）有着一定的关联。

聚类#6（crowd-funded market）：这一聚类的文献数量也较多，被引用的时间主要在 2011—2013 年，与其他节点的连接较弱。这一聚类的文献主要探讨了网络众筹中的运行机制。代表性文献主要包括《An empirical examination of the antecedents and consequences of contribution patterns in crowd-funded markets》和《The emergence and effects of fake social information：Evidence from crowdfunding》等。

聚类 # 3（equity crowdfunding）、聚类 # 7（equity-based crowdfunding platform）、聚类 # 10（success）、聚类 # 11（organization form）和聚类 # 14（community-based resource mobilization）分别基于不同的视角来研究网络众筹，进而论证网络众筹模式的独特性。

3.2.3　关键词共现

关键词是对一篇文献核心观点的提炼，是对文献内容的高度概括，出现频次和中心度较高的关键词一般都是学术界共同关注的研究问题，能够较好地代表某个领域的研究现状。平台市场中的网络众筹领域关键词共现的知识图谱如图 3.7 所示，共有 250 个节点、546 条连线，图中各个节点的大小表示关键词出现频次的高低，节点越大，说明对应的关键词出现的频次越高，而连线则表示了关键词之间的共现，连线越粗，说明关键词共现的频次越高。

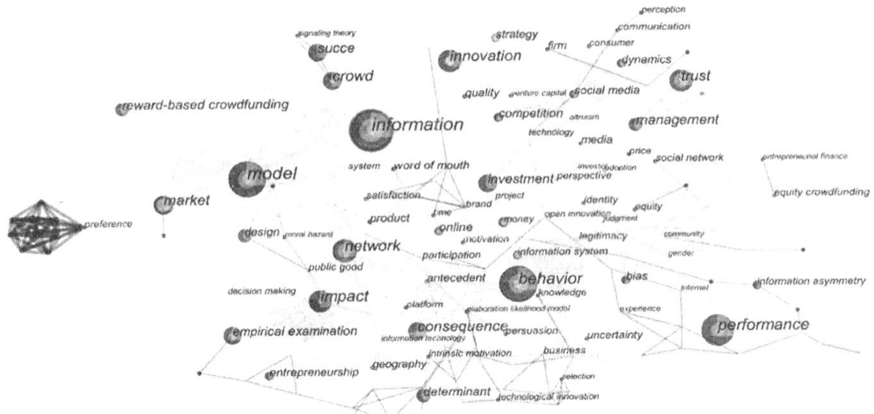

图 3.7　关键词共现的知识图谱

根据知识图谱中的数据汇总整理，得到如表 3.9 所示出现频次和中心度较高的关键词(根据出引频次排名前 30)。其中，出现频次最高的关键词是 information，其次是 performance、model、behavior、trust、crowd、network 和 innovation 等。结合图 3.7 和表 3.9 可以发现，平台市场中网络众筹的研究话题在不断扩大，根据对关键词的分析，可以将研究文献大体归纳为如下几类：第一类是包含 empirical examination、innovation、management 和 investment 等关键词的相关文献，主要以众筹平台 Kickstarter 和 Indiegogo 等为研究对象，分析了不同模式下众筹融资成功或失败的原因，并探索网络众筹平台管理模式及融资模式的特点；第二类是具有 trust、impact 和 performance 等关键词的相关文献，此类文献主要通过问卷调查和案例分析等实证方式检验网络众筹中的多个因素，比如信任、风险或信息对网络众筹绩效的影响；第三类是具有 business model、information system 和 technology 等关键词的相关文献，主要研究众筹平台的商业模式、信息系统以及技术的创新。

关键词在共现网络中的中心度越大，表明该关键词与其他关键词共同出现的频次越高，则该关键词在共现网络中的影响力也就越大。由表 3.9 可知，关键词出现频次与中心度之间并不存在必然的正相关关系。中心度较高的关键词有 information、network、market、competition、product 和 model 等，这些关键词代表了网络众筹领域内的核心话题，且与其他话题存在较大的关联。

表 3.9　关键词的出现频次和中心度(根据出现频次排名前 30)

排序	频次	中心度	关键词	排序	频次	中心度	关键词
1	52	0.46	information	16	15	0.01	empirical examination
2	46	0.11	model	17	14	0	determinant
3	36	0.10	behavior	18	13	0.15	competition
4	35	0.05	impact	19	13	0.06	online
5	34	0.02	performance	20	12	0.14	product
6	29	0.29	network	21	12	0.11	word of mouth
7	28	0	innovation	22	12	0.08	social media
8	27	0.06	crowd	23	12	0.08	bias
9	24	0.23	market	24	12	0	entrepreneurship
10	22	0	consequence	25	12	0	strategy
11	22	0	trust	26	12	0.06	media
12	21	0.02	success	27	11	0.03	design
13	20	0.06	management	28	11	0	dynamics
14	18	0	reward-based crowdfunding	29	11	0.13	quality
15	18	0.03	investment	30	11	0.11	antecedent

3.3   热点演变与研究趋势

3.3.1   时间轴线

本小节通过关键词共现分析网络众筹领域的研究热点，并以时区视图的方式来呈现关键词共现的知识图谱，从而揭示研究热点的演变规律，具体如图 3.8 所示，每个节点表示一个关键词，节点越大则表示出现的频次越高，节点所处的时区表示该关键词首次出现的时间，节点之间的连线表示两个关键词同时出现在同一篇文献中。由图 3.8 可知，比较重要的关键词按出现的时间顺序依次为 information、model、advance selling、behavior、impact、performance、innovation、reward-based crowdfunding、success 和 information asymmetry 等。

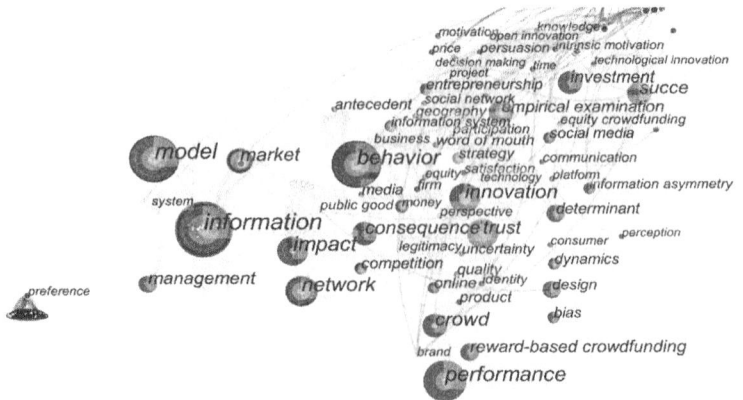

图 3.8   关键词共现的知识图谱(时区视图)

根据知识图谱中的数据汇总整理，得到如表 3.10 所示的各年份的高频关键词，关键词所对应的年份是其首次出现的时间，从表中可以看出，

2015 是一个重要的时间节点，开始出现了 crowd 这类关键词，从 2015 年开始陆续出现了热门关键词，包含 crowd-based online technology, reward-based crowdfunding 和 equity crowdfunding 等，学者从各个视角开展了网络众筹的相关研究，并为后续研究奠定了坚实的理论基础。在此之后，学者开始了更加系统地研究网络众筹，平台市场中的网络众筹的相关研究也出现了更多的关键词，如 2016 年出现的 innovation、trust 和 strategy 等关键词；2017 年出现的 empirical examination、two sided market 和 third-party logistic 等关键词；2018 年出现的 social media 和 communication 等关键词；2019 年出现的 intrinsic motivation 和 elaboration likelihood model 等关键词。近两年又涌现出一些新的关键词，如 information asymmetry, social capita, circular economy, big data, value creation 和 machine learning 等。关键词的不断更新体现了研究热点的演变，也表明网络众筹的相关理论探索在持续进行。

表 3.10 各年份的高频关键词

年份	关　键　词
2007	preference, distance measure, ranking, member, collective preorder, preorder
2010	model, management, system, choice, decision, advance selling, supply chain
2011	information, good, inventory, demand forecasting, methodology
2010	model, online, satisfaction, policy, knowledge sharing
2011	market, demand, corporate social responsibility, work
2012	innovation, supply chain, part sourcing, short lifecycle, procurement strategy
2013	impact, network, impure altruism, electronic commerce, reciprocity, social information
2014	behavior, consequence, competition, media, digital good, conflict
2015	legitimacy, information system, mechanism, line design, crowd-based online technology
2016	performance, innovation, crowd, trust, reward-based crowdfunding, strategy
2017	empirical examination, adoption, service, two-sided market, third-party logistic

年份	关　键　词
2018	social media, determinant, bias, equity crowdfunding, communication, consumer
2019	investment, intrinsic motivation, judgment, elaboration likelihood model, organization, deception
2020	information asymmetry, technological innovation, moral hazard, social capital, big data, behavioral intention, machine learning, creativity, donation-based crowdfunding, value creation
2021	signaling theory, user acceptance, rewards-based crowdfunding

进一步，通过对关键词的聚类分析探讨网络众筹领域的研究热点，并以时区视图的方式来呈现知识图谱，具体如图 3.9 所示，关键词的聚类分析将关键词文献划分为 10 大类，从#0 到#9 分别为：empathy，knowledge，venture capital，gamification，social networks，behavioral intentions，market mechanisms，P2P lending，China 和 multicriteria analysis。聚类#0 中关键词的发展路径是技术、大众传播、产品、沟通、大数据到文本分析等，这一聚类主要结合大数据对网络众筹产品进行了相关研究。聚类#1 中关键词的发展路径是技术、基于人群的在线技术、企业家、风险资本到价值创造等，这一聚类主要探讨网络众筹对于企业家在融资以及价值创造方面的意义。聚类#2 中关键词的发展路径是股权、成长、技术创新到信号等，这一聚类主要研究股权众筹的发展与创新问题。聚类#3 中关键词的发展路径是的科技、开放式创新、数字鸿沟、慈善众筹到责任等，这一聚类主要讨论网络众筹模式中慈善众筹的相关问题。聚类#4 中关键词的发展路径是模糊集理论、视角到社区。聚类#5 中关键词的发展路径是微观金融、动机、语言应用到识别等，这一聚类主要从微观层面来探讨用户参与网络众筹的动机。聚类#6、聚类#8 和聚类#9 的研究持续性较差，并不是持续的研究热点。聚类#7 中的关键词的发展路径是预先销售、邮件订购到线路设计等，

这一聚类主要探讨了早期网络众筹的本质，如预售及邮件订购等模式。

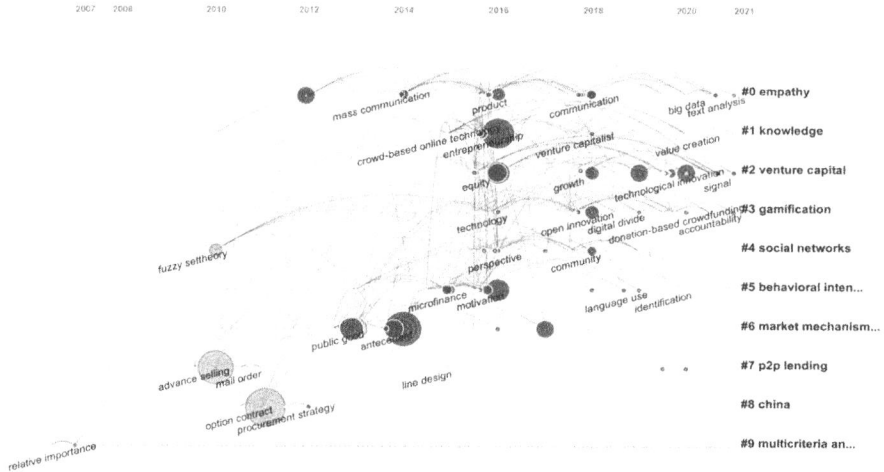

图 3.9 关键词的聚类分析(时区视图)

3.3.2 突现分析

突现文献具有较高的研究价值，能够反映某个领域研究热点的演变，本小节采用 Citespace 提供的突现检测算法，得到了如表 3.11 所示的突现文献，表中标识了突现的强度、突现的起止年份，这有助于观察研究热点的演进脉络。突现文献的研究主题可以划分为以下几个方面：(1)对网络众筹相关概念的梳理，并讨论不同网络众筹模式之间的区别；(2)基于社会融资的视角，探讨网络众筹对解决企业资本的价值；(3)有 7 篇突现文献开始于 2016 年，结束于 2019 年，这一阶段的研究话题主要是从不同的视角探讨网络众筹的经济绩效；(4)研究网络众筹的新模式，并验证众筹绩效的影响因素。因此，网络众筹领域的研究热点在不断变化，未来的研究热点可能会围绕着网络众筹的商业模式、机制设计和影响要素等方面展开。

表 3. 11 突现文献

序号	第一作者（姓）	文献题目	突现强度	开始年	结束年
1	Mollick	The dynamics of crowdfunding: An exploratory study	29. 26	2014	2019
2	Burtch	An empirical examination of the antecedents and consequences of contribution patterns in crowd-funded markets	14. 48	2014	2019
3	Ordanini	Crowd - funding: transforming customers into investors through innovative service platforms	7. 66	2014	2017
4	Zhang	Rational herding in microloan markets	7. 29	2014	2017
5	Lin	Judging borrowers by the company they keep: friendship networks and information asymmetry in online peer-to-peer lending	7. 18	2014	2019
6	Belleflamme	Crowdfunding: Tapping the right crowd	18. 12	2016	2019
7	Agrawal	Some simple economics of crowdfunding innovation policy and the economy	8	2016	2019
8	Zheng	The role of multidimensional social capital in crowdfunding: A comparative study in China and US	7. 93	2016	2019
9	Gerber	Crowdfunding: Motivations and deterrents for participation	6. 18	2016	2019
10	Burtch	The hidden cost of accommodating crowdfunder privacy preferences: A randomized field experiment	5. 55	2016	2019
11	Frydrych	Exploring entrepreneurial legitimacy in reward-based crowdfunding	5. 27	2016	2019
12	Ahlers	Signaling in equity crowdfunding	5. 2	2016	2021

序号	第一作者（姓）	文献题目	突现强度	开始年	结束年
13	Burtch	Cultural differences and geography as determinants of online prosocial lending	4.6	2016	2019
14	Belleflamme	Individual crowdfunding practices	3.77	2016	2017
15	Duarte	Trust and credit: The role of appearance in peer-to-peer lending	3.23	2016	2017
16	Bayus	Crowdsourcing new product ideas over time: An analysis of the Dell IdeaStorm community	3.08	2016	2019
17	Agrawal	Crowdfunding: Geography, social networks, and the timing of investment decisions	6.76	2018	2021
18	Hu	Product and pricing decisions in crowdfunding	5.74	2018	2021
19	Colombo	Internal social capital and the attraction of early contributions in crowdfunding	5.01	2018	2021
20	Liu	Friendship in online peer-to-peer lending: Pipes, prisms, and relational herding	3.52	2018	2019

除了文献突现以外，还可以运用关键词突现来跟踪研究热点的演变，利用 Citespace 探测短时间内出现频次迅速增加的关键词，这可以在很大程度上体现学者们研究热点的变化。表 3.12 列出了出现频次激增的关键词，表中标识了突现的强度，突现的起止年份，这有助于观察研究热点的演进脉络。由表 3.12 分析可知，大部分关键词突现已经结束，如"冲突""库存""供应链""决策"和"微观经济"等，这些都曾是当时阶段的研究热点，还有一部分关键词突现未结束，如"信息系统""信任""品牌""风险投资""利己主义""目的"和"自决理论"等突现仍未结束，这些将成为现在以及未来一段时间的研究热点。

表 3.12　　　　　　　　　　突现关键词

排序	关键词	突现强度	开始年份	结束年份
1	preference	1.44	2006	2019
2	system	3.10	2010	2017
3	contract	1.34	2010	2013
4	inventory	1.34	2010	2013
5	supply chain	1.34	2010	2011
6	decision	1.32	2010	2017
7	market	1.95	2012	2017
8	information system	2.23	2014	2019
9	microfinance	1.99	2014	2017
10	money	1.95	2014	2019
11	antecedent	1.86	2014	2017
12	perspective	2.7	2016	2019
13	investor	2.57	2016	2017
14	trust	1.91	2016	2019
15	brand	1.57	2016	2019
16	risk	1.54	2016	2017
17	sale	1.54	2016	2017
18	consumer review	1.54	2016	2017
19	altruism	1.47	2016	2019
20	strategy	1.30	2016	2017

3.3.3　趋势预测

本小节采用战略图的方式来绘制网络众筹领域关键词的分布，从而进行研究趋势的预测，具体如图 3.10 所示，以关键词的出现频次作为 X 轴、以关键词的中心度作为 Y 轴，原点代表频次和中心度的中值，分析可知：

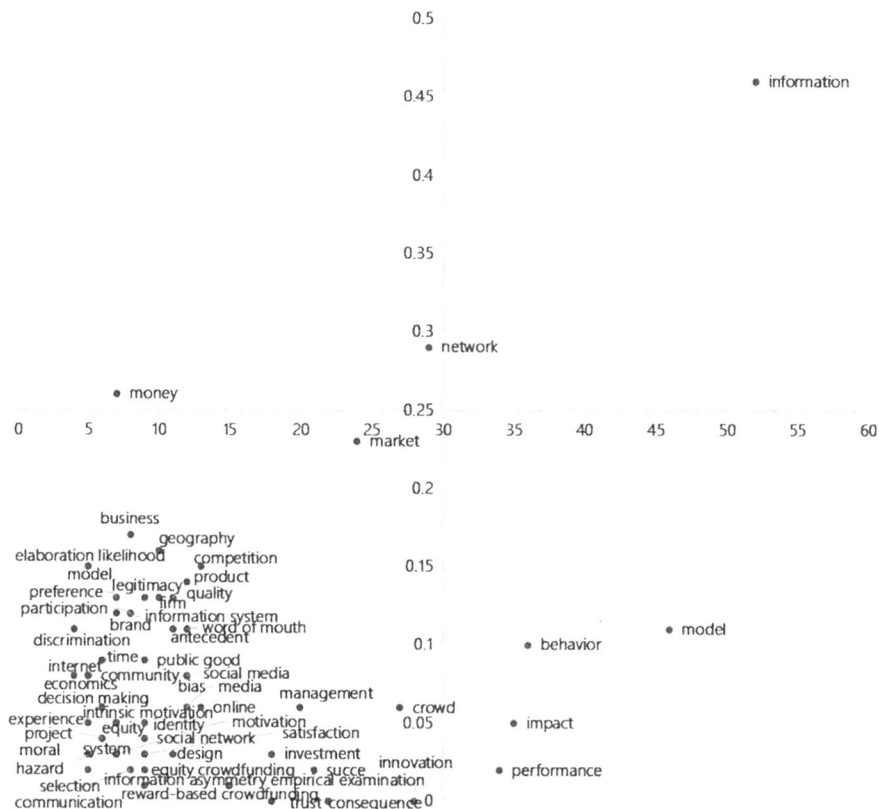

图 3.10　网络众筹领域的关键词分布

1. 第一象限：主流话题

第一象限的关键词具有较高的频次与中心度的特点，代表了当前研究的主流话题，并且与其他话题的关联度较高。根据图 3.10 发现，平台市场中的网络众包领域出现第一象限的关键词只有"信息"，这说明网络众筹领域虽然取得了一定的研究成果，但是目前还没有形成系统的研究话题。

2. 第二象限：高潜热点

第二象限的关键词具有低频次与高中心度的特点，代表了具有较高潜力的热点话题，根据图 3.10 发现，平台市场中的网络众筹领域中的网络和资本等关键词属于第二象限，这些将是未来一段时间的热点话题。

3. 第三象限：孤岛话题

第三象限的关键词既不具备高频次，也不具有高中心度，代表了研究的孤岛话题，根据图 3.10 发现，平台市场中的网络众筹领域的孤岛话题较为严重，这一方面说明了相关研究还比较割裂，另一方面也说明这些关键词出现的时间还比较短，未来可能成为新兴的研究热点，比如"信息不对称""创新""社交媒体""激励"和"满意度"等。

4. 第四象限：边缘话题

第四象限的关键词具有高频次与低中心度的特征，代表了研究的边缘话题，比如"行为""影响"和"模型"等，这些关键词反映的研究话题与其他话题的关联度不高，是相对独立的研究话题。

参考文献

[1] 黄健青，陈欢，李大夜. 基于顾客价值视角的众筹项目成功影响因素研究[J]. 中国软科学，2015，06：116-127.

[2] 胡金焱，韩坤. 信息不对称视角下网络众筹融资绩效解构[J]. 财贸经济，2020，41(09)：100-116.

[3] 吴喜雁，周建波. 大众参与众筹投资决策影响因素分析[J]. 科技进步与

对策, 2015, 32(24): 12-16.

[4] Belleflamme P, Lambert T, Schwienbacher A. Individual crowdfunding practices[J]. Venture Capital, 2013, 15(4): 313-333.

[5] Ethan M. The dynamics of crowdfunding: An exploratory study[J]. Journal of Business Venturing, 2014, 29(1): 1-16.

[6] Burtch G, Ghose A, Wattal S. An empirical examination of the antecedents and consequences of contribution patterns in crowd-funded markets [J]. Information Systems Research, 2011, 24(3): 499-519.

[7] Ordanini A, Miceli L, Pizzetti M. Crowdfunding: Transforming customers into investors through innovative service platforms [J]. Journal of Service Management, 2011, 22(4): 443-470.

[8] Zhang J, Liu P. Rational herding in microloan markets [J]. Management Science, 2012, 58(5): 892-912.

[9] Lin M, Prabhala N, Viswanathan S. Judging borrowers by the company they keep: Friendship networks and information asymmetry in online peer-to-peer lending[J]. Management Science, 2013, 59(1): 17-35.

[10] Belleflamme P, Lambert T, Schwienbacher A. Crowdfunding: Tapping the right crowd[J]. Journal of Business Venturing, 2014, 29(5): 585-609.

[11] Zheng H, Li D, Jing W. The role of multidimensional social capital in crowdfunding: A comparative study in China and US[J]. Information & Management, 2014, 51(4): 488-496.

[12] Gerber E M, Hui J. Crowdfunding: Motivations and deterrents for participation [J]. ACM Transactions on Computer-Human Interaction, 2013, 20(6): 1-32.

[13] Ahlers G, Cumming D J, Guenther C, Schweizer D. Signaling in equity crowdfunding[J]. Entrepreneurship Theory and Practice, 2015, 39(4): 955-980.

[14] Agrawal A, Catalini C, Goldfarb A. Crowdfunding: Geography, social

networks, and the timing of investment decisions[J]. Journal of Economics & Management Strategy, 2015, 24(2): 253-274.

[15]Bayus B L. Crowdsourcing new product ideas over time: An analysis of the Dell IdeaStorm community[J]. Management Science, 2013, 59(1): 226-244.

[16]Denis F, Adam J B, Tony K, Benjamin K. Exploring entrepreneurial legitimacy in reward-based crowdfunding[J]. Venture Capital, 2014, 16(3): 247-269.

[17]Burtch G, Ghose A, Wattal S. Cultural differences and geography as determinants of online prosocial lending[J]. MIS Quarterly, 2014, 38(3): 773-794.

[18]Hu M, Li X, Shi M. Product and pricing decisions in crowdfunding[J]. Management Science, 2015, 34(3): 331-345.

[19]Colombo M G, Franzoni C, Rossi-Lamastra C. Internal social capital and the attraction of early contributions in crowdfunding[J]. Entrepreneurship Theory & Practice, 2015, 39(1): 75-100.

[20]Liu D, Brass D J, Lu Y, Chen D. Friendships in online peer-to-peer lending: Pipes, prisms, and relational herding[J]. MIS Quarterly, 2015, 39(3): 729-742.

[21]Kunz M M, Bretschneider U, Erler M, Leimeister J M. An empirical investigation of signaling in reward-based crowdfunding [J]. Electronic Commerce Research, 2017, 17(3): 1-37.

下篇　平台市场中的顾客行为

第4章 平台市场中的顾客信任

4.1 行为简介与文献检索

4.1.1 行为简介

顾客信任是建立交易关系的核心要素，平台市场中的顾客信任指的是：不管顾客是否有能力监视平台市场中的卖家，顾客都相信卖家愿意执行约定的行为和承受损失的风险（Mayer 等，1995）。为了能进一步理解顾客在平台市场中的信任行为，诸多学者对顾客信任的内涵开展了持续性的研究，例如，Gefen 等（2003）建立了顾客信任的三个维度，即能力（Ability）、诚实（Integrity）和善意（Benevolence）。大量研究表明，平台市场中的顾客信任十分关键，因为它是影响顾客在平台市场中的交易意愿、满意度和忠诚度的重要变量之一（Hsu 等，2014；Lu 等，2016；Cheng 等，2019）。

因此，为了构建平台市场中的顾客信任，许多学者致力于探索顾客信任的前因变量。具体而言，顾客信任的前因可大致分为以下的四种类别（Sarkar 等，2020）：（1）技术层面的前因变量，如技术接受模型中的感知有用性、感知易用性等；（2）质量层面的前因变量，如系统质量、信息质量、服务质量、用户页面、感知声誉和卖家规模等；（3）个体层面的前因变量，如信任倾向、熟悉程度和购买经验等；（4）风险层面的前因变量，如感知风险、感知安全性、结构保障、感知隐私保护和感知收益等。

综上，平台市场的飞速发展推动了顾客信任的学术研究，众多学者从不同的视角考察了平台市场中的顾客信任。本章从国家与机构、期刊与作者、基础文献以及共现与聚类进行研究现状的梳理，并从时间轴线、突现分析以及趋势预测进行热点演变与研究趋势的分析，从而为平台市场中顾客信任的相关企业提供实践借鉴，同时也为顾客信任的后续研究提供一定的方向和建议。

4.1.2　文献检索

本章以 Web of Science 数据库的核心期刊集为数据来源，对平台市场中顾客信任的相关研究进行检索。为了避免检索中误检和漏检的情况，在参考经典文献和咨询相关专家的前提下，针对研究主题设计了合理的逻辑关系检索式，从而确保检索结果能够尽量全面覆盖该领域的代表性结果，检索设计和检索结果如表 4.1 所示。根据平台市场中顾客信任的提出时间和文献检索的初步结果，检索的时间范围最终设定为 2004—2021 年。此外，由于本书重点关注管理学领域的相关研究，结合顾客信任的研究特点，分别从管理学的四个细分领域进行了文献收集与检索：信息管理（Information Management）、市场营销（Marketing）、运营管理（Operations Management）和一般管理（General Management）。① 进一步，针对每个细分领域，选定 ABS 三星及以上的期刊(共计 173 本期刊，具体期刊目录详见

---

① 运营管理包括 OPS & TECH 和 OR & MAN SCI；一般管理包括 ETHICS-CSR-MAN、HRM & EMP、IB & AREA、ORG STUD 和 STRAT。

附录),① 并进行期刊内的关键词检索(关键词详见附录),根据以上检索规则,共检索到596篇顾客信任的相关文献。

表4.1   检索设计与检索结果

数据库	Web of Science 数据库核心期刊集
检索方式	期刊内关键词检索
文献类型	article/review/proceeding-paper
时间跨度	2004—2021 年
检索时间	2022 年 5 月
检索数量(篇)	596

将文献数据导入 Citespace 之前,对检索到的596篇文献进行再次筛选和分析,结果显示没有重复文献,因此,最终获得596篇有效文献。图4.1 显示了发文数量的年度分布情况,整体来看,平台市场中顾客信任领域在各年份的总体发文数量差异并不大,且呈现线性增长趋势($y = 1.6925x + 17.033$,$R^2 = 0.6384$)。其中,2010 年、2016 年、2019 年和2020 年发文量都在40 篇以上,且2016 年和2020 年发文量达到50 篇以上。大致可划分为三个阶段:在 2004 年前后,得益于电子商务市场的不断发展,用户信任的相关话题获得了广泛的关注,该领域发文量也不断增加;在 2011—2015 年,电子商务平台得到了迅速发展,学术界逐渐聚焦于电子商务平台,并强调平台的中介作用,因此,这一时期的研究话题主要表现为对中介的信任或对电子商务平台的信任;在 2016 年前后,平台市场的商业模式不断多样化,出现了社交电商平台、众筹平台、众包平台、共享平台和互联网医疗平台等新型商业模式,因此,这一时期的研究话题聚焦在不同的平台模式中的顾客信任问题。

---

① 由于信息管理领域与平台市场关系更加紧密,因此,信息管理领域选择 ABS 两星及以上期刊。

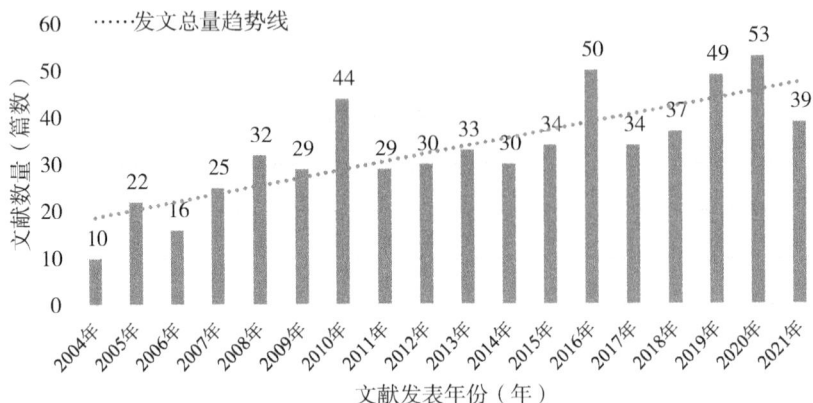

图 4.1　平台市场中顾客信任发文量的年度分布(2004—2021 年)

4.2　研究现状

4.2.1　文献分布

　　本小节从国家/地区、研究机构、作者和期刊四个方面对顾客信任的文献分布进行统计分析。Citespace 可以将各个国家/地区与研究机构的发文数量、合作情况和中心度通过"年轮"的形式展示出来,其中,年轮的大小代表发文数量的多少,而年轮中最外围圆圈的宽度则代表中心度,圆圈的宽度越大则表示中心度取值越高,即论文的影响力越大。图 4.2 以国家/地区和研究机构同时作为网络节点而制作的知识图谱,其中有节点 131 个、连线 168 条。

　　进一步,根据知识图谱中的数据进行汇总整理,可以得到国家/地区与研究机构的发文量和中心度的排名,如表 4.2 所示。

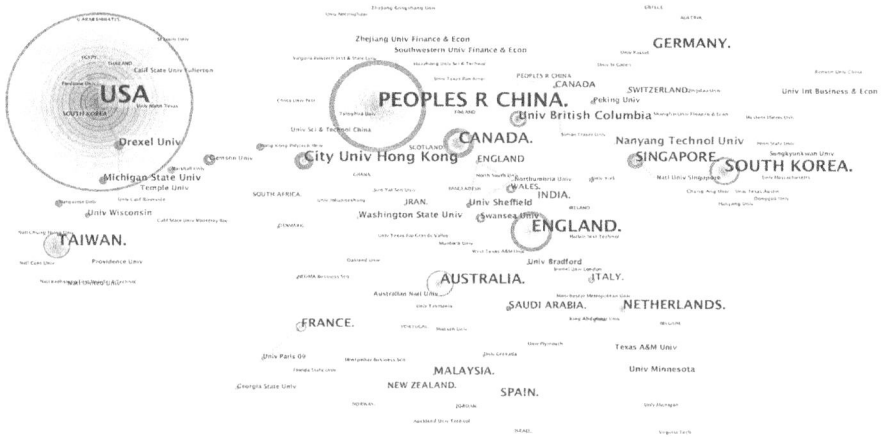

图 4.2　国家/地区与研究机构的知识图谱

表 4.2　国家/地区与研究机构的发文量和中心度排名(依据发文量排名前 15)

排名	发文量	中心度	国家/地区	发文量	中心度	研究机构
1	264	0.22	美国	23	0.73	香港城市大学
2	104	0.69	中国	11	0.36	英属哥伦比亚大学
3	41	0.50	英国	9	0.01	南洋理工大学
4	37	0.28	韩国	8	0.32	德雷塞尔大学
5	31	0.71	加拿大	7	0.51	密歇根州立大学
6	31	0.14	中国台湾	6	0.21	谢菲尔德大学
7	23	0.06	德国	6	0.05	华盛顿州立大学
8	23	0.14	澳大利亚	5	0.06	明尼苏达大学
9	18	0.43	新加坡	5	0.21	斯旺西大学
10	16	0.03	荷兰	5	0.34	威斯康星大学
11	14	0.15	法国	4	0.28	北京大学
12	12	0.03	西班牙	4	0.03	坦普尔大学
13	9	0.13	马来西亚	4	0.06	浙江财经大学
14	8	0.00	印度	4	0.03	对外经济贸易大学
15	8	0.25	沙特阿拉伯	4	0.00	西南财经大学

结合图 4.2 和表 4.2 可知，就发文量而言，美国的发文量最多(264篇)，其次是中国(104 篇)、英国(41 篇)、韩国(37 篇)和加拿大(31 篇)。美国的研究机构以高校为主，如德雷塞尔大学(8 篇)、密歇根州立大学(7篇)、华盛顿州立大学(6 篇)、明尼苏达大学(5 篇)和威斯康星大学(5 篇)等。从发文影响力来看，加拿大的节点中心度最大(0.71)，其次是中国(0.69)、英国(0.50)、新加坡(0.43)和韩国(0.28)等，在研究机构中，香港城市大学(0.71)和密歇根州立大学(0.51)的节点中心度较为突出。同时，通过分析知识图谱可知，平台市场中的顾客信任领域已经形成了几个核心学术群体，如"中国-中国香港-加拿大""美国-中国台湾""英国-印度-威尔士"和"新加坡-韩国"，这些核心学术群体形成了较为密切的合作网络。

就我国而言，目前在顾客信任领域已经形成了一定的国际影响力。首先，从发文数量上来看，位居第二，并且发文数量较多(104 篇)；其次，从发文影响力来看，我国处于网络中心区域①，且连线较多，并依托于高校与加拿大等国家均保持着密切联系；最后，在科研机构上来看，主要集中在香港城市大学(23 篇)、北京大学(4 篇)、浙江财经大学(4 篇)、对外经济贸易大学(4 篇)、西南财经大学(4 篇)。因此，我国在顾客信任领域取得了一定的进展，但同时还应该加强与核心学术群体之间的合作，进一步提升我国在该领域的学术影响力。

通过对文献作者的分析，可以识别一个研究领域的核心作者及其之间的合作强度和互引关系。因此，利用 Citespace 进行作者共现聚类分析，并得到如图 4.3 所示的知识图谱，作者名字的大小节表示作者发文量，节点之间的连线代表作者存在合作关系，连线粗细表示作者合作的强弱程度，共有 268 个节点、96 条连线。

---

　　①　由于篇幅有限，图 4.2 只显示了部分结果，而我国在完整版的国家/地区与研究机构的知识图谱中处于网络的中心地位。

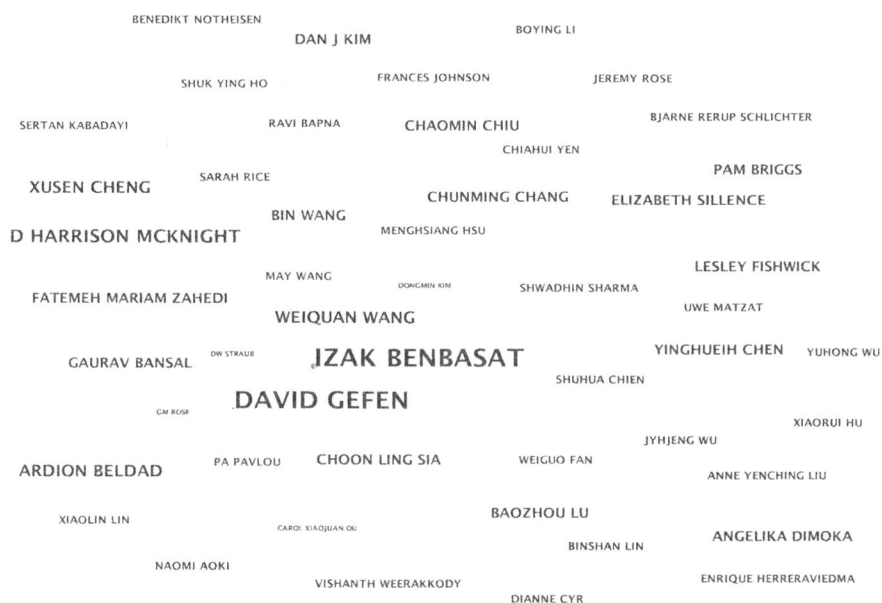

图 4.3 作者共现的知识图谱

进一步，根据知识图谱中的数据进行汇总整理，可以得到文献作者的发文量排名，如表 4.3 所示。

表 4.3 作者的发文量排名(前 20)

排序	发文量	作者	发文机构
1	12	Izak Benbasat	英属哥伦比亚大学(加拿大)
2	11	David Gefen	德雷塞尔大学(美国)
3	5	D. Harrison Mcknight	密歇根州立大学(美国)
4	4	Weiquan Wang	香港城市大学(中国)
5	4	Ardion Beldad	屯特大学(荷兰)
6	4	Xusen Cheng	对外经济贸易大学(中国)
7	3	Gaurav Bansal	威斯康星大学(美国)
8	3	Baozhou Lu	中国石油大学(中国)

97

续表

排序	发文量	作者	发文机构
9	3	Elizabeth Sillence	诺森比亚大学(英国)
10	3	Choon Ling Sia	香港城市大学(中国)
11	3	Chaomin Chiu	"国立中山大学"(中国)
12	3	Bin Wang	得克萨斯泛美分校(美国)
13	3	Fatemeh Mariam Zahedi	威斯康星密尔沃基分校(美国)
14	3	Dan J Kim	休斯敦大学清湖分校(美国)
15	3	Angelika Dimoka	坦普尔大学(美国)
16	3	Yinghueih Chen	静宜大学(中国台湾)
17	3	Pam Briggs	诺森比亚大学(英国)
18	3	Chunming Chang	真理大学(中国)
19	3	Lesley Fishwick	诺森比亚大学(英国)
20	2	Sertan Kabadayi	福特汉姆大学(美国)

　　结合图4.3和表4.3可知，发文量较多的作者主要来自加拿大、美国、荷兰、中国和英国。从作者的合作网络来看，顾客信任领域的研究整体呈现"小集中，大分散"的特征，从图中可以看出作者的合作网络大体上可以分为两类：一类是来自同一研究机构的合作关系，如英国诺森比亚大学的Pam Briggs、Elizabeth Sillence和Lesley Fishwick组成的合作团队；挪威商学院的Gemma Newlands、Christoph Lutz和Christian Fieseler组成的合作团队；另一类是来自不同研究机构的合作关系，如中国石油大学的Baozhu Lu和弗吉尼亚理工大学的Weiguo Fan，奥尔堡大学的Jeremy Rose和奥尔胡斯大学的Bjarne Rerup Schlichter，英属哥伦比亚大学的Izak Benbasat、德雷塞尔大学的David Gefen和香港城市大学的Weiquan Wang与Choon Ling Sia。核心作者群体关注的问题主要包含电子商务模式下影响用户在线市场信任的因素、新型平台市场模式中用户在线信任的影响因素、用户在线信任所导致的行为结果等。

表 4.4 统计了发文数量排名前 10 的期刊，从中看出，顾客信任发文数量较多的期刊主要分布在信息管理领域，如 *Computers in Human Behavior*，*Electronic Commerce Research and Applications* 和 *International Journal of Information Management* 等期刊，说明顾客信任得到了该领域的广泛关注。此外，一般管理领域的期刊 Journal of Business Research 的发文数量也较多。

表 4.4　　　　　期刊发文数量的排名(前 10)

排序	期刊名称	篇数	细分领域
1	*Computersin Human Behavior*	61	Information Management
2	*Electronic Commerce Research and Applications*	31	Information Management
3	*International Journal of Information Management*	28	Information Management
4	*Journal of Computer Information Systems*	28	Information Management
5	*Internet Research*	27	Information Management
6	*Journal of Management Information Systems*	27	Information Management
7	*Decision Support Systems*	26	Information Management
8	*Industrial Management & Data Systems*	18	Information Management
9	*Journal of Business Research*	18	General Management
10	*International Journal of Electronic Commerce*	16	Information Management

考察一个期刊在某个领域的影响力，不仅需要关注该期刊在这个领域的发文数量，而且还需要分析该期刊在这个领域的被引频次。因此，利用 Citespace 对检索到的全部文献进行期刊被引的知识图谱分析，具体如图 4.4 所示。

根据知识图谱中的数据进行汇总整理，可以得到期刊被引频次的排名，如表 4.5 所示。其中，被引频次最高的是自信息管理领域的期刊 *MIS Quarterly*。此外，被引频次靠前的期刊中，可以大致分为两类，一类是信息管理领域的期刊，如 *Information Systems Research* 和 *International Journal of Electronic Commerce* 等期刊；另一类是市场营销领域的期刊，如 *Journal of*

99

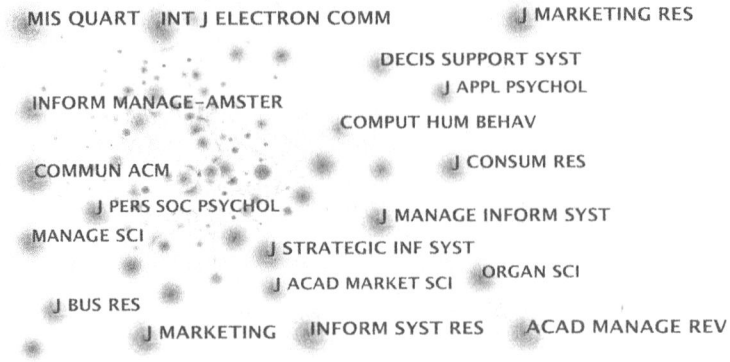

图 4.4 期刊被引的知识图谱

Marketing 和 *Journal of Marketing Research* 等期刊，这说明平台市场中的顾客信任主要得到信息管理和市场营销学者的广泛关注。此外，诸如 *Academy of Management Review* 等一般管理类期刊也对顾客信任话题进行了一定的探究。由此可见，平台市场中的顾客信任行为得到了各管理学各领域学者的广泛关注。

表4.5 　　　　期刊被引频次的排名（前 10）

排序	期刊名称	被引频次	细分领域
1	*MIS Quarterly*	386	Information Management
2	*Academy of Management Review*	366	General Management
3	*Information Systems Research*	362	Information Management
4	*Journal of Marketing*	333	Marketing
5	*Journal of Marketing Research*	317	Marketing
6	*International Journal of Electronic Commerce*	296	Information Management
7	*Journal of Management Information Systems*	281	Information Management
8	*Communications of the ACM*	266	Information Management
9	*Information & Management*	264	Information Management
10	*Decision Support Systems*	260	Information Management

4.2.2 文献梳理

本小节从基础文献和文献聚类两个方面梳理顾客信任的相关文献，基础文献是指被学者广泛认可和引用的文献，它们能够反映某个领域的基础知识。本章对顾客信任领域的相关文献进行关键节点分析，从而识别该领域的基础文献及其文献聚类，得到了如图 4.5 所示的文献共被引知识图谱，共有 571 个节点、1282 条连线。

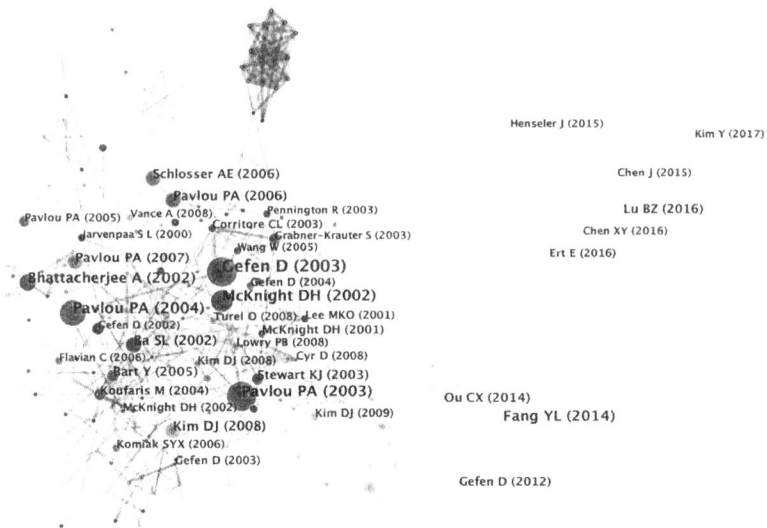

图 4.5 文献共被引的知识图谱(作者)

根据知识图谱中的数据汇总整理，得到如表 4.6 所示被引频次和中心度较高的基础文献(根据被引频次排名前 10)。

表 4.6　被引频率和中心度较高的基础文献(根据被引频率排名前 10)

序号	被引频次	中心度	发表时间	第一作者(姓)	论文名称
1	46	0.03	2003	Gefen	Trust and TAM in online shopping：An integrated model
2	33	0.08	2003	Pavlou	Consumer acceptance of electronic commerce：Integrating trust and risk with the technology acceptance model
3	32	0.04	2004	Pavlou	Building effective online marketplaces with institution-based trust
4	30	0.01	2002	McKnight	Developing and validating trust measures for e-commerce：An integrative typology
5	25	0.12	2014	Fang	Trust, satisfaction, and online repurchase intention：The moderating role of perceived Effectiveness of e-commerce institutional mechanisms
6	24	0	2002	Bhattacherjee	Individual trust in online firms：Scale development and initial test
7	20	0.05	2007	Pavlou	Understanding and mitigating uncertainty in online exchange relationships：A principal-agent perspective
8	19	0.02	2008	Kim	A trust-based consumer decision-making model in electronic commerce：The role of trust, perceived risk, and their antecedents
9	19	0	2002	Ba	Evidence of the effect of trust building technology in electronic markets：Price premiums and buyer behavior
10	18	0.11	2006	Pavlou	Understanding and predicting electronic commerce adoption：An extension of the theory of planned behavior

根据图 4.5 和表 4.6 的分析可得，平台市场中顾客信任的相关研究已经逐步成熟，而 2002—2003 年是顾客信任的相关研究取得关键性发展的两年，这一时期的研究结果成为该领域的主要基础文献。10 篇基础文献中被引频次和中心度都较高的文献是 Gefen 于 2003 年发表的《Trust and TAM in

online shopping: An integrated model》，论文是早期探讨在线信任的经典文献之一，将顾客对在线信息技术的信任和对在线卖家的信任结合在一起，并探讨它们对于顾客使用在线购物网站的影响机制。此外，在这 10 篇基础文献中，Gefen（2003）、Pavlou（2004）、McKnight（2002）、Bhattacherjee（2002）和 Ba（2002）均以构建线上市场中的顾客信任为研究话题，奠定了平台市场中顾客信任的研究基础，为后续研究提供了思路和视角。Pavlou（2003）、Kim（2008）和 Pavlou（2006）的研究则更加侧重于对顾客信任的结果变量的探讨。通过对基础文献的分析发现，伴随着在线市场的不断深入，顾客信任行为的相关研究得到了学者的广泛关注，而平台市场中的顾客信任也取得了较好的发展。

通过 Citespace 对检索到的 596 篇文献进行聚类分析，得到 14 个较大规模的聚类，且同一聚类下的文献呈现较强的关联度。其中，共有 571 个节点、1282 条连线，具体如图4.6所示。聚类分析中提取出来的网站感知、

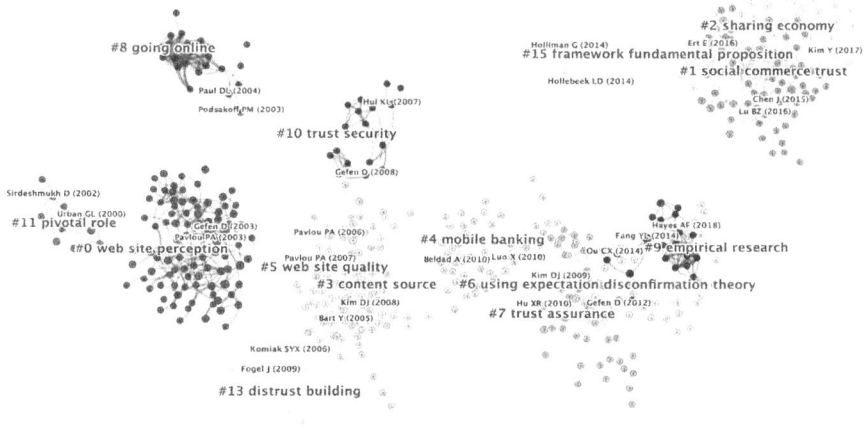

图 4.6　文献共被引的知识图谱（聚类分析）①

①　在本小节的聚类分析中，如果某个聚类的文献篇数少于一定的数量，则在知识图谱中就没有展示，这是聚类编号不连续的原因。

社交商务信任、共享经济、内容来源、移动支付、网站质量和期望不一致
理论揭示了平台市场中的顾客信任研究的背景、视角、目的和实践应用
等。此外，图 4.6 表明顾客信任的研究已经发展出一定的细分领域，且呈
现出集中性较强和重叠度较高的特点。

进一步，根据知识图谱中的数据汇总整理，得到如表 4.7 所示的文献
聚类的具体信息和研究内容。

表 4.7　　　　　　　　文献聚类的具体信息和研究内容

聚类编号	文献数量	聚类名称	研究内容
0	95	web site perception	基于用户对在线网站的感知来探讨其信任行为
1	67	social commerce trust	社交商务背景下消费者的信任影响因素
2	57	sharing economy	共享经济背景下消费者对于共享出行等对象的信任和采纳意愿
3	55	content source	从用户所接触的内容来源视角来衡量信任态度的形成
4	51	mobile banking	用户对移动支付技术的信任度及采纳意愿等
5	45	web site quality	用户对网站质量的感知，其对于用户信任具有显著预测作用
6	40	using expectation disconfirmation theory	采用期望不一致理论来解释用户行为
7	40	trust assurance	从用户所接触的信任保障措施的有效性来衡量信任的构建
8	24	going online	关注互联网背景下的用户信任行为
9	21	empirical research	大多采用实证研究的方法来探讨顾客信任行为

聚类编号	文献数量	聚类名称	研究内容
10	20	trust security	从用户的安全性感知视角来衡量信任的构建
11	10	pivotal role	重点探讨信任的关键性作用
13	8	distrust building	从不信任构建的视角来探讨导致用户不信任的因素
15	4	framework fundamental proposition	综合考虑并构建了顾客信任行为的基础框架

聚类#0(web site perception)和聚类#8(going online)：聚类#0 的文献数量最多(95 篇)，主要探讨用户在互联网网站中信任感知的问题，大多数文献在 2002 年前后被首次引用，这一聚类的代表文献有《A research agenda for trust in online environments》《Trust and TAM in online shopping：An integrated model》和《Building effective online marketplaces with institution-based trust》等；聚类#8 的文献数量居中(24 篇)，同样也是关注在线市场中用户在的相关行为，大多数文献在 2003 年前后被首次引用，这一聚类的代表文献有《Knowledge sharing behavior in virtual communities：The relationship between trust，self-efficacy，and outcome expectations》和《Common method biases in behavioral research：A critical review of the literature and recommended remedies》等。

聚类#1(social commerce trust)、聚类#2(sharing economy)、聚类#4(mobile banking)、聚类#11(pivotal role)和聚类#13(distrust building)：聚类#1 的文献数量较多(67 篇)，主要针对社交电商中的顾客信任问题进行相关研究，大多数文献在 2016 年前后首次被引用，这一聚类的代表文献有《Building e-commerce satisfaction and boosting sales：The role of social commerce trust and its antecedents》《Social presence，trust，and social commerce purchase intention：An empirical research》和《What drives trust transfer? The moderating roles of seller-specific and general institutional mechanism》等，聚类#1 与聚类#2 的关联较为紧密。聚类#2 和聚类#4 分别基于共享经济和移动支付背景来研究顾客信任问题，文献首次被引用时间分别为 2016 年和 2010 年前后，这两个聚类的文献总量也相对较多。其中，聚类#4 的代表文献有《Understanding users' initial trust in mobile banking：An elaboration likelihood perspective》和《How shall I trust the faceless and the intangible? A literature review on the antecedents of online trust》等。聚类#11 聚焦于分析顾客信任的作用，而聚类#13 则主要探讨了导致顾客不信任行为的影响因素。

聚类#3（content source）、聚类#5（web site quality）、聚类#7（trust assurance）和聚类#10（trust security）：聚类#3 的文献总量较多（55 篇），主要是对顾客信任的内容来源进行研究，大多数文献在 2006 年前后被首次引用，这一聚类的代表文献有《The effects of social media based brand communities on brand community markers，value creation practices，brand trust and brand loyalty》《Modeling web site design across cultures：Relationships to trust，satisfaction，and e-loyalty》和《Explaining and predicting the impact of branding alliances and web site quality on initial consumer trust of e-commerce web sites》等。聚类#5、聚类#7 和聚类#10 分别针对顾客对网站质量的感知、信任保障感知的相关研究，大多数文献首次被引用时间分别为 2006 年和 2010 年前后。这三个聚类的代表文献有《How shall I trust the faceless and the intangible?》《A literature review on the antecedents of online trust：On the need to include in e-commerce trust beliefs》和《The effects of web assurance seals on consumers' initial trust in an online vendor：A functional perspective》等。总的来说，以上聚类中的文献大多探讨了顾客信任行为的影响因素，这些研究彼此之间互相补充，共同构成了顾客信任前因的知识网络。

聚类#6（using expectation disconfirmation theory）、聚类#9（empirical research）和聚类#15（framework fundamental proposition）：聚类#6 中的文献运用期望不一致理论来解释顾客的信任行为，聚类#9 中的文献则主要是关

于顾客信任行为的实证研究，两个聚类的大多文献首次被引用时间均在2012 年前后，聚类#6 和聚类#9 之间存在较为密切的关联，它们的代表文献有《Health information seeking in the Web 2.0 age：Trust in social media，uncertainty reduction，and self-disclosure》和《The role of trust in postadoption IT exploration：An empirical examination of knowledge management systems》等。聚类#15 的文献主要针对顾客信任的研究框架进行梳理，大多数在 2015 年前后被首次引用。

综上，平台市场中顾客信任行为的研究文献大致可归类为四个方面：（1）聚类#0 和聚类#8，探讨顾客信任行为的相关环境，即主要研究线上交易市场的相关因素；（2）聚类#1、聚类#2、聚类#4、聚类#11 和聚类#13，基于不同的研究视角，讨论平台市场中的顾客信任行为；（3）聚类#3、聚类#5、聚类#7 和聚类#10，研究顾客信任行为的影响因素；（4）聚类#6、聚类#9 和聚类#15，分析顾客信任行为研究的相关理论、研究方法和研究框架。

4.2.3 关键词共现

关键词是对一篇文献核心观点的提炼，是对文献内容的高度概括，出现频次和中心度较高的关键词一般都是学术界共同关注的研究问题，能够较好地代表某个领域的研究现状。平台市场中顾客信任领域关键词共现的知识图谱如图 4.7 所示：共有 128 个节点、446 条连线，图中各个节点的大小表示关键词出现频次的高低，节点越大，说明相应的关键词出现的频次越高。

根据知识图谱中的数据汇总整理，得到如表 4.8 所示出现频次和中心度较高的关键词（根据出现频次排名前 30）：其中，出现频次最高的关键词是 model，其次是 e-commerce，consumer trust，electronic commerce，technology，online 和 internet 等。结合图 4.7 和表 4.7 可以发现，平台市场中顾客信任的研究话题不断扩大，根据关键词的分析，可以将研究文献大

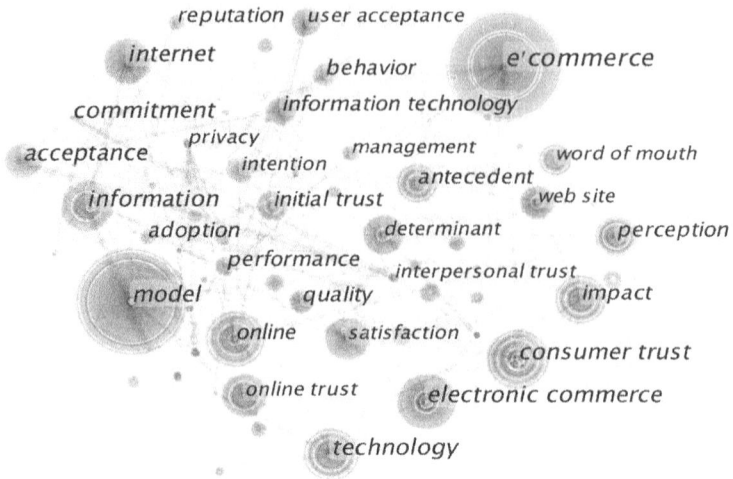

图 4.7　关键词共现的知识图谱

表 4.8　　关键词的出现频次和中心度(根据出现频次排名前 30)

排序	频次	中心度	关键词	排序	频次	中心度	关键词
1	194	0.07	model	16	49	0.07	initial trust
2	183	0.17	e-commerce	17	47	0.04	web site
3	84	0.07	consumer trust	18	46	0.09	word of mouth
4	83	0.10	electronic commerce	19	44	0.11	information technology
5	78	0.15	technology	20	40	0.10	intention
6	76	0.04	online	21	39	0.05	user acceptance
7	72	0.11	internet	22	37	0.06	quality
8	72	0.17	information	23	35	0.14	behavior
9	68	0.08	impact	24	33	0.05	adoption
10	61	0.04	online trust	25	31	0.07	performance
11	60	0.03	satisfaction	26	29	0.02	moderating role
12	57	0.08	acceptance	27	29	0.04	system

排序	频次	中心度	关键词	排序	频次	中心度	关键词
13	56	0.08	antecedent	28	28	0.02	perceived risk
14	49	0.10	perception	29	26	0.08	commitment
15	49	0.03	determinant	30	25	0.06	reputation

体归纳为如下几类：第一类是具有 web site、information、technology、e-commerce、electronic commerce 和 internet 等关键词的文献，主要基于电子商务的研究背景，关注顾客对信息技术的信任评价和感知；第二类是具有 antecedent、determinant、quality 和 reputation 等关键词的文献，主要对顾客信任行为的前因变量进行探讨；第三类是具有 initial trust、consumer trust 和 online trust 等关键词的文献，主要分析了顾客信任行为的本质，并对信任行为进行分类和讨论；第四类是具有 behavior、word of mouth、impact、intention、satisfaction 和 user acceptance 等关键词的文献，主要针对顾客信任的行为结果进行研究，如顾客对在线交易的接受意愿和满意程度等。

关键词在共现网络中的中心度越大，则表明该关键词与其他关键词共同出现的频次越高，该关键词在共现网络中的影响力也就越大。由表 4.8 可知，关键词出现频次与中心度之间并不存在必然的正相关关系。中心度较高的关键词有 e-commerce、information、technology、behavior 和 internet 等，这些关键词代表了顾客信任领域内的核心话题，且与其他话题之间存在较大的关联性。

4.3 热点演变与研究趋势

4.3.1 时间轴线

本小节通过关键词共现分析顾客信任领域的研究热点，并以时区视图的方式来呈现关键词共现的知识图谱，从而揭示研究热点的演变规律，具

体如图 4.8 所示，每个节点表示一个关键词，节点越大，表示关键词出现
的频次越高，节点所处的时区表示该关键词首次出现的时间，节点之间的
连线表示两个关键词同时出现在一篇文献中。由图 4.8 可知，比较重要的
关键词按出现的时间顺序依次为 model、electronic commerce、information
technology、intention、adoption、moderating role、brand trust 和 digital
platform 等。

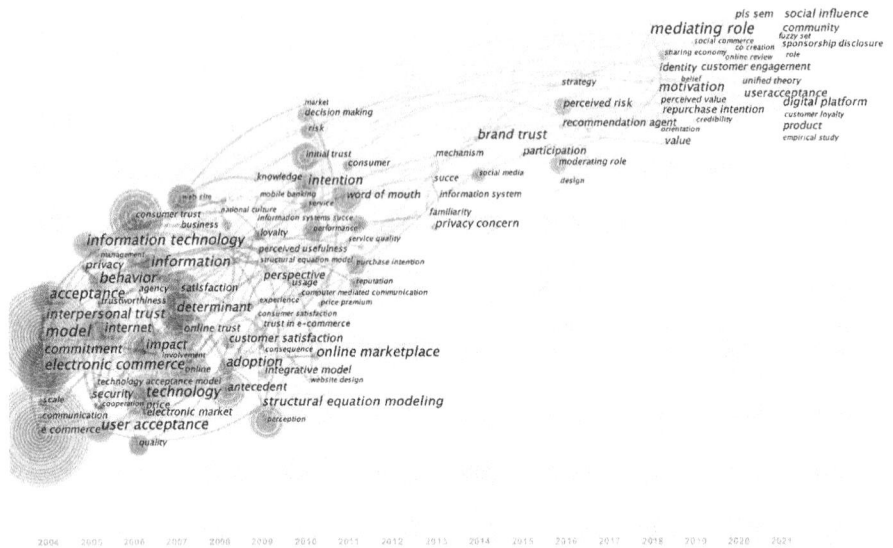

图 4.8　关键词共现的知识图谱(时区视图)

根据知识图谱中的数据汇总整理，得到如表 4.9 所示的各年份的高频
关键词，关键词所对应的年份是其首次出现的时间，从表中可以看出，顾
客信任研究领域的核心关键词 consumer trust 首次出现于 2006 年，这表明
在线市场中的顾客信任正式成为了研究热点，学术界在这一阶段重点致力
于探讨顾客信任的前因与结果，比如 2008 年出现的关键词 antecedent，以
及 2009 年出现的 word of mouth 和 purchase intention 等。随着平台市场的演
变，顾客信任的研究范围在 2014 年以后被进一步扩大，并出现了 social
media、sharing economy、co-creation 和 collaboration 等关键词。近两年，又

涌现出了诸如 artificial intelligence、automation 和 social networking 等新兴关键词。除此之外，就研究方法而言，近年来出现了 structural equation model 和 pls-sem 等关键词，这也说明学术界大多采用结构方程模型的方法来研究平台市场中的顾客信任行为。

表 4.9   各年份的高频关键词

年份	关 键 词
2004	model, e-commerce, electronic commerce, online, internet, acceptance, information technology, behavior, performance, commitment, consumer, trustworthiness, interpersonal trust, scale, technology acceptance, market, price, evolution
2005	user acceptance, management, privacy, commerce, cooperation, environment, technology acceptance model, security
2006	consumer trust, technology, information, impact, online trust, determinant, web site, quality, privacy concern, world wide web, electronic market, usability
2007	satisfaction, business, customer satisfaction
2008	antecedent, perception, initial trust, adoption, reputation, online marketplace, integrative model, loyalty, marketplace, price premium, framework, perspective, tam, design, national culture, familiarity, information systems success, information privacy, culture impact, usage
2010	word of mouth, intention, system, risk, purchase intention, service, web, virtual community,
2012	perceived risk, online shopping, mechanism, success, computer mediated communication
2013	information system, integration, site, extension
2014	social media, communication, social presence, knowledge, brand trust, customer loyalty, participation, gender difference, internet use, united states, indicator
2016	moderating role, social commerce, decision making, recommendation agent, strategy, media

年份	关　键　词
2018	sharing economy, repurchase intention, review, customer engagement, mediating role, trust transfer, product, motivation, continuance intention, structural equation model, moderating role
2019	online review, credibility, attitude, co creation, collaboration
2020	plssem, unified theory, experience, service quality, user acceptance, automation, community, perceived effectiveness, challenge, purchase, technology adoption, engagement, confidence
2021	artificial intelligence, social networking (online), social influence

以时区视图的方式呈现关键词聚类的知识图谱，从而分析顾客信任领域的研究热点及其演变规律，具体如图 4.9 所示，关键词聚类产生了 12 个大类，从 #0 到 #11 分别为：brand trust、technology adoption、e-commerce、repurchase intention、electronic commerce、online reviews、website design、fuzzy sets、abstract systems、perceived value、community 和 computer mediated communication。聚类 #0 中关键词的发展路径是：信任转移、社交商务、信任前因、系统信任、品牌信任、品牌真诚性到顾客行为等，这一聚类主要针对不同类型、不同场景下的信任概念进行探讨和分析。聚类 #1 中关键词的发展路径是：初始信任、初次购买、调节分析、信息技术、移动支付、基于知识的信任、创新扩散到行为意愿等，这一聚类主要关注顾客的初始信任及技术方面的影响因素。聚类 #2 中关键词的发展路径是：社交媒体、社交网站、用户创造内容、初始信任、初次购买到深度结构使用等，这一聚类主要关注社交媒体平台中的顾客信任行为。聚类 #4 中关键词的发展路径是：电子商务、在线购物、顾客行为、网络营销、消费者信任、隐私担忧到代理信任等，这一聚类主要探讨顾客在电子商务平台中的信任机制与购买行为。聚类 #5 中关键词的发展路径是：在线评论、信任模型、社交推荐、网站质量、共享经济、机构信任到信任模型，这一聚类关注顾客获取

的信息，如在线评论、社交推荐等，对其信任行为的影响。聚类#7 中关键词的发展路径是：社交网络、群体决策、数据科学、结构方程模型、信息整合、交易成本分析到机构理论等，这一聚类主要关注顾客在群体环境中的信任行为，如团购平台中的顾客信任及交易意愿等。聚类#9 一直持续到现在，这说明顾客信任与感知价值的相关研究仍然处于不断探索阶段。此外，图 4.9 显示聚类#3、聚类#6、聚类#8、聚类#10 和聚类#11 中的关键词的研究持续性较差，并不是可持续发展的研究热点。

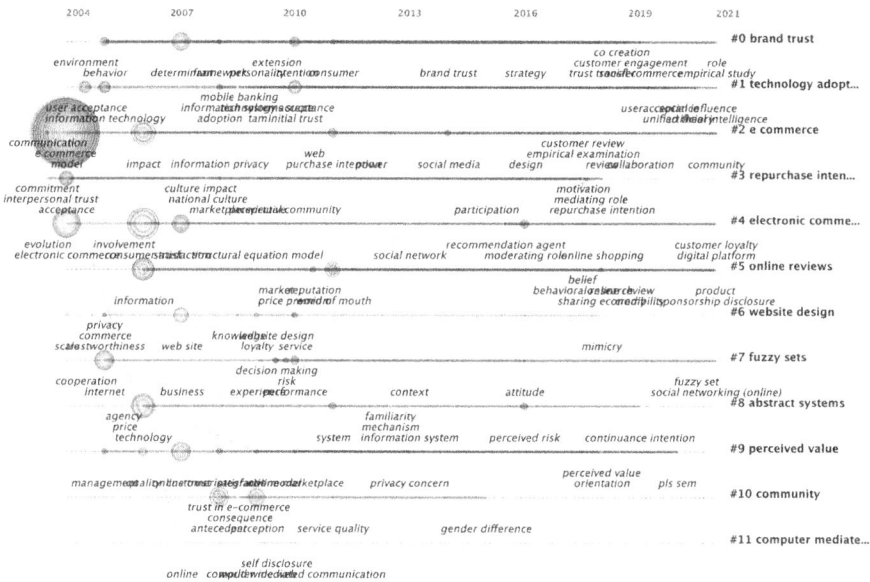

图 4.9　关键词聚类的知识图谱(时区视图)

4.3.2　突现分析

突现文献具有较高的研究价值，能够反映某个领域研究热点的演变，本小节采用 Citespace 提供的突现检测算法，得到如表 4.10 所示的突现文献，表中标识了突现的强度，突现的起止年份，有助于观察研究热点的演进脉络。突现文献的研究主题可以划分为以下几个方面：（1）有关顾客信任概念的研究，对顾客的信任行为进行概念界定，从而构建综合的信任模型；（2）有关顾客信任前因的研究，从不同的角度探讨顾客信任的前因要素；（3）有关顾客信任结果的研究，包括预测顾客的采纳意愿、购买意愿、信息技术接受程度等；（4）新兴商业模式下顾客信任行为的相关研究。

表 4.10　　　　　突现文献（根据开始年份排名前 25）

序号	作者	文献题目	突现强度	开始年	结束年
1	Gefen	Trust and TAM in online shopping：An integrated model	15.3	2004	2009
2	McKnight	Developing and validating trust measures for e-commerce：An integrative typology	12.91	2004	2007
3	Pavlou	Consumer acceptance of electronic commerce：Integrating trust and risk with the technology acceptance model	10.89	2004	2009
4	Bhattacherjee	Individual trust in online firms：Scale development and initial test	10.43	2004	2007
5	Ba	Evidence of the effect of trust building technology in electronic markets：Price premiums and buyer behavior	8.12	2004	2007
6	McKnight	What trust means in e-commerce customer relationships：An interdisciplinary conceptual typology	6.8	2004	2007
7	Lee	A trust model for consumer internet shopping	6.28	2004	2007
8	Jarvenpaa	Consumer trust in an internet store	5.87	2004	2005
9	Pavlou	Building effective online marketplaces with institution-based trust	12.68	2006	2009

序号	作者	文献题目	突现强度	开始年	结束年
10	Pavlou	Understanding and predicting electronic commerce adoption: An extension of the theory of planned behavior	5.38	2006	2011
11	Kim	A trust-based consumer decision-making model in electronic commerce: The role of trust, perceived risk, and their antecedents	7.75	2008	2013
12	Pavlou	Understanding and mitigating uncertainty in online exchange relationships: A principal-agent perspective	7.67	2008	2013
13	Bart	Are the drivers and role of online trust the same for all web sites and consumers? A large-scale exploratory empirical study	6.1	2008	2011
14	Pavlou	Psychological contract violation in online marketplaces: Antecedents, consequences, and moderating role	5.61	2008	2011
15	Schlosser	Converting web site visitors into buyers: How web site investment increases consumer trusting beliefs and online purchase intentions	5.22	2008	2011
16	Vance	Examining trust in information technology artifacts: The effects of system quality and culture	5.03	2010	2013
17	Kim	Trust and satisfaction, two stepping stones for successful e-commerce relationships: A longitudinal exploration	6.23	2012	2015
18	Gefen	The boundaries of trust and risk: The quadratic moderating role of institutional structures	7.33	2014	2017

续表

序号	作者	文献题目	突现强度	开始年	结束年
19	Fang	Trust, satisfaction, and online repurchase intention：The moderating role of perceived effectiveness of e-commerce institutional mechanisms	12.29	2016	2019
20	Ou	Swift guanxi in online marketplaces：The role of computer-mediated communication technologies	7.33	2016	2019
21	Lu	Social presence, trust, and social commerce purchase intention：An empirical research	6.27	2016	2021
22	Chen	Consumers' decisions in social commerce context：An empirical investigation	5.61	2018	2021
23	Ert	Trust and reputation in the sharing economy：The role of personal photos in Airbnb	5.43	2018	2021
24	Kim	A meta-analysis of online trust relationships in e-commerce	5.21	2018	2021
25	Henseler	A new criterion for assessing discriminant validity in variance-based structural equation modeling	5.21	2018	2021

　　除了文献突现以外，还可以运用关键词突现来跟踪研究热点的演变，利用 Citespace 探测短时间内出现频次迅速增加的关键词，这可以在很大程度上体现学者们研究热点的变化。表 4.11 列出了出现频次激增的关键词，表中标识了突现的强度，突现的起止年份，这有助于观察研究热点的演进脉络。由表 4.11 可知，大部分关键词突现已经结束，如"商务""市场""价格""人际间信任""网站"和"技术接受"等，这些曾是研究热点，还有一部分关键词突现尚未结束，如"社交媒体""共享经济""在线评论""可信性""互动"和"回购意愿"等，这些将成为现在以及未来一段时间的研究热点话题。

表 4.11 突现关键词(根据开始年份排名前 25)

排序	关键词	突现强度	开始年份	结束年份
1	scale	5.93	2004	2009
2	commerce	5.17	2004	2007
3	cooperation	4.04	2004	2009
4	market	3.64	2004	2011
5	price	3.45	2004	2009
6	interpersonal trust	3.45	2004	2011
7	model	3.39	2004	2007
8	business	3.85	2006	2009
9	technology	3.7	2006	2007
10	web site	5.35	2008	2013
11	TAM	5.02	2008	2011
12	determinant	4.61	2008	2011
13	virtual community	3.62	2010	2015
14	technology acceptance	3.6	2010	2013
15	moderating role	6.72	2016	2021
16	perceived risk	4.33	2016	2021
17	purchase intention	3.47	2016	2021
18	social media	3.43	2016	2021
19	sharing economy	4.95	2018	2021
20	online review	4.01	2018	2021
21	credibility	4.01	2018	2021
22	communication	4.01	2018	2021
23	trust transfer	3.73	2018	2019
24	framework	3.46	2018	2021
25	repurchase intention	3.42	2018	2021

4.3.3　趋势预测

本小节采用战略图的方式来绘制顾客信任领域关键词的分布，从而进行研究趋势的预测，具体如图 4.10 所示，以关键词的出现频次作为 X 轴，以关键词的中心度作为 Y 轴，原点代表频次和中心度的中值，分析可知：

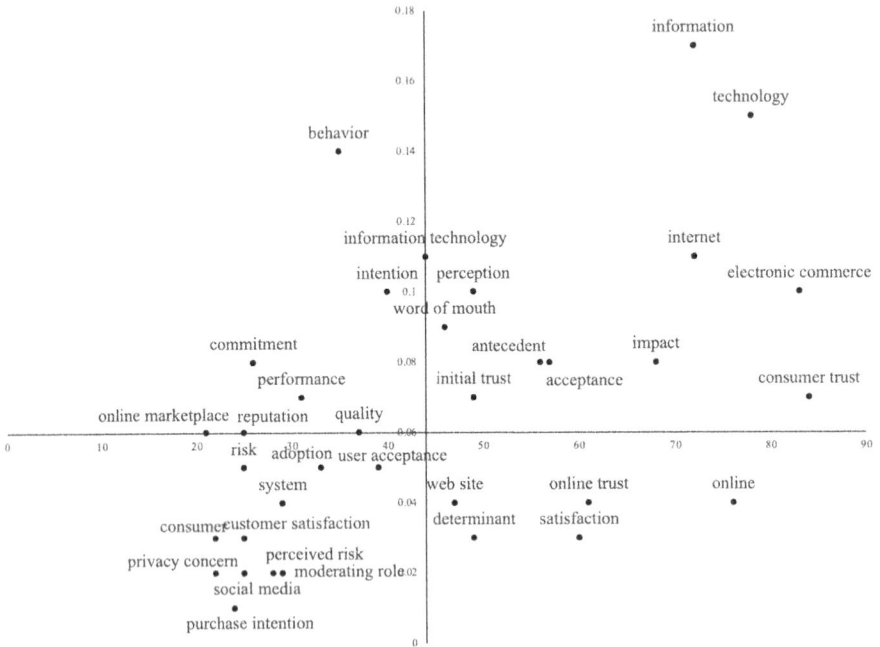

图 4.10　顾客信任领域的关键词分布

1. 第一象限：主流话题

第一象限的关键词具有较高的频次与中心度的特点，代表了当前研究的主流话题，并且与其他话题的关联度较高。根据图 4.10 发现，平台市场中的顾客信任领域出现第一象限的关键词有信息、技术和电子商务等。

118

2. 第二象限：高潜热点

第二象限的关键词具有低频次与高中心度的特点，代表了具有较高潜力的热点话题，根据图 4.10 发现，平台市场中的顾客信任领域中的行为、意愿和承诺等关键词属于第二象限，这些将是未来一段时间的热点话题。

3. 第三象限：孤岛话题

第三象限的关键词既不具备高频次，也不具有高中心度，代表了研究的孤岛话题，根据图 4.10 发现，平台市场中的顾客信任领域的孤岛话题较多，这一方面说明相关研究还相对割裂，另一方面也说明这些关键词出现的时间还比较短，未来可能成为新兴的研究热点，比如"隐私担忧""社交媒体""用户接受"和"消费者满意度"等。

4. 第四象限：边缘话题

第四象限的关键词具有高频次与低中心度的特征，代表了研究的边缘话题，比如"网站""在线"和"决定因素"等，这些关键词反映的研究话题与其他话题的关联度不高，是相对独立的研究话题。

参考文献

[1] Mayer R C, Davis J H, Schoorman F D. An integrative model of organizational trust [J]. Academy of Management Review, 1995, 20(3): 709-734.

[2] Gefen D, Karahanna E, Straub D W. Tust and TAM in online shopping: An integrated model [J]. MIS Quarterly, 2003, 27(1): 51-90.

[3] Hsu M H, Chuang L W, Hsu C S. Understanding online shopping intention: The roles of four types of trust and their antecedents[J]. Internet Research, 2014, 24(3): 332-352.

[4] Lu B, Zhang T, Wang L, Keller L R. Trust antecedents, trust and online microsourcing adoption: An empirical study from the resource perspective [J]. Decision Support Systems, 2016, 85: 104-114.

[5] Cheng X, Gu Y, Shen J. An integrated view of particularized trust in social commerce: An empirical investigation [J]. International Journal of Information Management, 2019, 45: 1-12.

[6] Sarkar S, Chauhan S, Khare A. A meta-analysis of antecedents and consequences of trust in mobile commerce [J]. International Journal of Information Management, 2020, 50: 286-301.

[7] Pavlou P A. Consumer acceptance of electronic commerce: Integrating trust and risk with the technology acceptance model[J]. International Journal of Electronic Commerce, 2003, 7(3): 101-134.

[8] Pavlou P A, Gefen D. Building effective online marketplaces with institution-based trust[J]. Information Systems Research, 2004, 15(1): 37-59.

[9] McKnight D H, Choudhury V, Kacmar C. Developing and validating trust measures for e-commerce: An integrative typology [J]. Information Systems Research, 2002, 13(3): 334-359.

[10] Fang Y, Qureshi I, Sun H, McCole P, Ramsey E, Lim K H. Trust, satisfaction, and online repurchase intention[J]. MIS Quarterly, 2014, 38 (2): 407-428.

[11] Bhattacherjee A. Individual trust in online firms: Scale development and initial test[J]. Journal of Management Information Systems, 2002, 19(1): 211-241.

[12] Pavlou P A, Liang H, Xue Y. Understanding and mitigating uncertainty in online exchange relationships: A principal-agent perspective [J]. MIS

Quarterly, 2007, 31(1): 105-136.

[13] Kim D J, Ferrin D L, Rao H R. A trust-based consumer decision-making model in electronic commerce: The role of trust, perceived risk, and their antecedents[J]. Decision Support Systems, 2008, 44(2): 544-564.

[14] Ba S, Pavlou P A. Evidence of the effect of trust building technology in electronic markets: Price premiums and buyer behavior[J]. MIS Quarterly, 2002, 26(3): 243-268.

[15] Pavlou P A, Fygenson M. Understanding and predicting electronic commerce adoption: An extension of the theory of planned behavior[J]. MIS Quarterly, 2006, 30(1): 115-143.

[16] Gefen D, Benbasat I, Pavlou P. A research agenda for trust in online environments[J]. Journal of Management Information Systems, 2008, 24 (4): 275-286.

[17] Hsu M H, Ju T L, Yen C H, Chang C M. Knowledge sharing behavior in virtual communities: The relationship between trust, self-efficacy, and outcome expectations [J]. International Journal of Human-Computer Studies, 2007, 65(2): 153-169.

[18] Lin X, Wang X, Hajli N. Building e-commerce satisfaction and boosting sales: The role of social commerce trust and its antecedents [J]. International Journal of Electronic Commerce, 2019, 23(3): 328-363.

[19] Zhou T. Understanding users' initial trust in mobile banking: An elaboration likelihood perspective[J]. Computers in Human Behavior, 2012, 28(4): 1518-1525.

[20] Beldad A, De Jong M, Steehouder M. How shall I trust the faceless and the intangible? A literature review on the antecedents of online trust [J]. Computers in Human Behavior, 2010, 26(5): 857-869.

[21] Kim D, Benbasat I. The effects of trust-assuring arguments on consumer trust in Internet stores: Application of Toulmin's model of argumentation

[J]. Information Systems Research, 2006, 17(3): 286-300.

[22] Lowry P B, Vance A, Moody G, Beckman B, Read A. Explaining and predicting the impact of branding alliances and web site quality on initial consumer trust of e-commerce web sites [J]. Journal of Management Information Systems, 2008, 24(4): 199-224.

[23] Hu X, Wu G, Wu Y, Zhang H. The effects of Web assurance seals on consumers' initial trust in an online vendor: A functional perspective[J]. Decision Support Systems, 2010, 48(2): 407-418.

[24] Lin W Y, Zhang X, Song H, Omori K. Health information seeking in the Web 2.0 age: Trust in social media, uncertainty reduction, and self-disclosure[J]. Computers in Human Behavior, 2016, 56: 289-294.

[25] Thatcher J B, McKnight D H, Baker E W, Arsal R E, Roberts N H. The role of trust in postadoption IT exploration: An empirical examination of knowledge management systems [J]. IEEE Transactions on Engineering Management, 2010, 58(1): 56-70.

[26] McKnight D H, Chervany N L. What trust means in e-commerce customer relationships: An interdisciplinary conceptual typology [J]. International Journal of Electronic Commerce, 2001, 6(2): 35-59.

[27] Lee M K, Turban E. A trust model for consumer internet shopping[J]. International Journal of Electronic Commerce, 2001, 6(1): 75-91.

[28] Jarvenpaa S L, Tractinsky N, Vitale M. Consumer trust in an Internet store [J]. Information Technology and Management, 2000, 1(1): 45-71.

[29] Bart Y, Shankar V, Sultan F, Urban G L. Are the drivers and role of online trust the same for all web sites and consumers? A large-scale exploratory empirical study[J]. Journal of Marketing, 2005, 69(4): 133-152.

[30] Pavlou P A, Gefen D. Psychological contract violation in online marketplaces: Antecedents, consequences, and moderating role [J]. Information Systems Research, 2005, 16(4): 372-399.

[31] Schlosser A E, White T B, Lloyd S M. Converting web site visitors into buyers: how web site investment increases consumer trusting beliefs and online purchase intentions[J]. Journal of Marketing, 2006, 70(2): 133-148.

[32] Vance A, Elie-Dit-Cosaque C, Straub D W. Examining trust in information technology artifacts: the effects of system quality and culture[J]. Journal of Management Information Systems, 2008, 24(4): 73-100.

[33] Kim D J, Ferrin D L, Rao H R. Trust and satisfaction, two stepping stones for successful e-commerce relationships: A longitudinal exploration [J]. Information Systems Research, 2009, 20(2): 237-257.

[34] Gefen D, Pavlou P A. The boundaries of trust and risk: The quadratic moderating role of institutional structures [J]. Information Systems Research, 2012, 23(3-part-2): 940-959.

[35] Ou C X, Pavlou P A, Davison R M. Swift guanxi in online marketplaces: The role of computer-mediated communication technologies [J]. MIS Quarterly, 2014, 38(1): 209-230.

[36] Lu B, Fan W, Zhou M. Social presence, trust, and social commerce purchase intention: An empirical research [J]. Computers in Human behavior, 2016, 56: 225-237.

[37] Chen J, Shen X L. Consumers' decisions in social commerce context: An empirical investigation[J]. Decision Support Systems, 2015, 79: 55-64.

[38] Ert E, Fleischer A, Magen N. Trust and reputation in the sharing economy: The role of personal photos in Airbnb[J]. Tourism Management, 2016, 55: 62-73.

[39] Kim Y, Peterson R A. A meta-analysis of online trust relationships in e-commerce[J]. Journal of Interactive Marketing, 2017, 38: 44-54.

[40] Henseler J, Ringle C M, Sarstedt M. A new criterion for assessing discriminant validity in variance-based structural equation modeling [J]. Journal of the Academy of Marketing Science, 2015, 43(1): 115-135.

第 5 章　平台市场中的顾客隐私

5.1　行为简介与文献检索

5.1.1　行为简介

顾客信息对于平台市场而言至关重要，善于利用顾客信息不仅能够帮助平台企业更好地获利，而且还有助于提供更加精准的顾客服务。与此同时，顾客信息的收集与使用会带来顾客对隐私的担忧 ①。尽管平台企业为顾客提供隐私保护的机制，但由于平台与顾客之间的利益冲突，以及平台与顾客之间的信息高度不对称，导致顾客无法监管平台的机会主义行为，这些都会使得隐私保护机制通常难以有效解决顾客的隐私担忧。因此，顾客隐私已经成为平台市场中最受关注的研究话题，也是平台市场发展过程中的主要障碍之一。

---

①　隐私是一个包含多个层面的概念，如沟通隐私和心理隐私等。因此，学者通常关注于某个具体层面的隐私，特别是信息隐私。信息隐私指的是个体、群体或组织能够决定与自己相关的信息何时、如何及多大程度被传递给他人的权利（Westin, 1967）。因此，本章讨论的顾客隐私指的是顾客的信息隐私。

大量研究表明，顾客隐私担忧是影响其态度与行为的重要因素，例如，在电子商务情境下，顾客往往偏向于在隐私保护更为完善的店铺购买产品，并且愿意为更好的隐私保护而支付更高的价格；在面临隐私信息披露决策时，顾客往往会衡量信息披露所带来的好处（如便利、更好的服务、更具个性化的产品）以及潜在的隐私泄露风险。随着信息技术的发展与商业模式的变革，越来越多的研究开始聚焦于探讨新兴情景下顾客隐私与行为的相关问题，诸如移动社交媒体、共享经济、智能助手、语音助手、物联网和智能设备等。

基于不同的学科视角，现有文献采用实证分析、数学建模、案例讨论、定性分析和文献综述等多种研究方法探讨了顾客隐私的相关话题，但系统性、全方位的回顾过往顾客隐私研究的文献还相对欠缺。本章从国家与机构、期刊与作者、基础文献以及共现与聚类进行研究现状的梳理，并从时间轴线、突现分析以及趋势预测进行热点演变与研究趋势的分析，从而为平台市场中的相关企业提供实践借鉴，也为顾客隐私的后续研究提供一定的方向和建议。

5.1.2　文献检索

本章以 Web of Science 数据库的核心期刊集为数据来源，对平台市场中顾客隐私的相关研究进行检索。为了避免检索中误检和漏检的情况，在参考经典文献和咨询相关专家的前提下，针对研究主题设计了合理的逻辑关系检索式，从而确保检索结果能够尽量全面覆盖该领域的代表性结果，检索设计和检索结果如表 5.1 所示。根据平台市场中顾客隐私的提出时间和文献检索的初步结果，检索的时间范围最终设定为 2004—2021 年。此外，由于本书重点关注管理学领域的相关研究，结合顾客信任的研究特点，分别从管理学的四个细分领域进行了文献收集与检索：信息管理（Information Management）、市场营销（Marketing）、运营管理（Operations

Management)和一般管理(General Management)。① 进一步,针对每个细分领域,选定 ABS 三星及以上的期刊(共计 173 本期刊,具体期刊目录详见附录),② 并进行期刊内的关键词检索(关键词详见附录),根据以上检索规则,共检索到 779 篇顾客隐私的相关文献。

表5.1 检索设计与检索结果

数据库	Web of Science 数据库核心期刊集
检索方式	期刊内关键词检索
文献类型	article/review/proceeding-paper
时间跨度	2004—2021 年
检索时间	2022 年 5 月
文献数量(篇)	779

将文献数据导入 Citespace 之前,对检索到的 779 篇文献进行再次筛选和分析,结果显示并没有重复文献,因此,最终获得 779 篇有效文献。图 5.1 显示了发文数量的年度分布情况,整体而言,顾客隐私领域的发文数量逐年递增且呈现指数增长趋势($y = 14.16 e^{0.1014x}$, $R^2 = 0.876$)。可划分为两个阶段:2010 年以前,年均发文量少于 30 篇,且增长缓慢,表明该领域的相关研究仍处于起步探索阶段;近十年来,顾客隐私的相关研究急速升温,年均发文量也明显上升,并在 2020 年达到最高峰(103 篇),且近两年来都保持着每年 100 篇以上的发文量。随着平台市场的影响逐步深入,顾客隐私的地位不断提升,因此,顾客隐私未来依然会成为学者们关注的热点话题。

---

① 运营管理包括 OPS & TECH 和 OR & MAN SCI;一般管理包括 ETHICS-CSR-MAN、HRM & EMP、IB & AREA、ORG STUD 和 STRAT。
② 由于信息管理领域与平台市场关系更加紧密,因此,信息管理领域选择 ABS 两星及以上期刊。

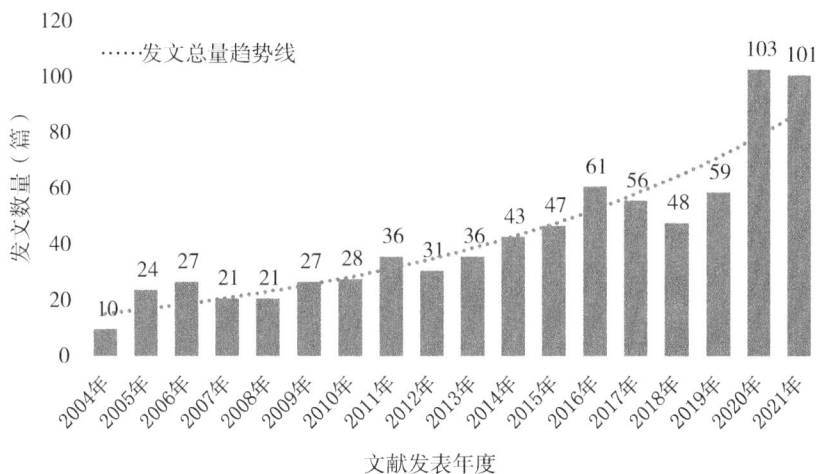

图 5.1 平台市场中顾客隐私发文量的年度分布(2004—2021 年)

5.2 研究现状

5.2.1 文献分布

本小节从国家/地区、研究机构、作者和期刊四个维度对平台市场中的顾客隐私的相关文献分布进行统计分析。Citespace 可以将各个国家/地区与各个研究机构的发文数量、合作情况和中心度通过年轮的形式展示出来,其中,年轮的大小代表发文数量的多少,而年轮中最外围圆圈的宽度则代表中心度,圆圈的宽度越大则表示中心度取值越高(论文的影响力越大)。图 5.2 以国家/地区和研究机构同时作为网络节点而制作的知识图谱,其中,节点有 359 个、连线有 476 条。

根据知识图谱中的数据进行汇总整理,可以得到国家/地区与研究机构的发文量排名,如表 5.2 所示。

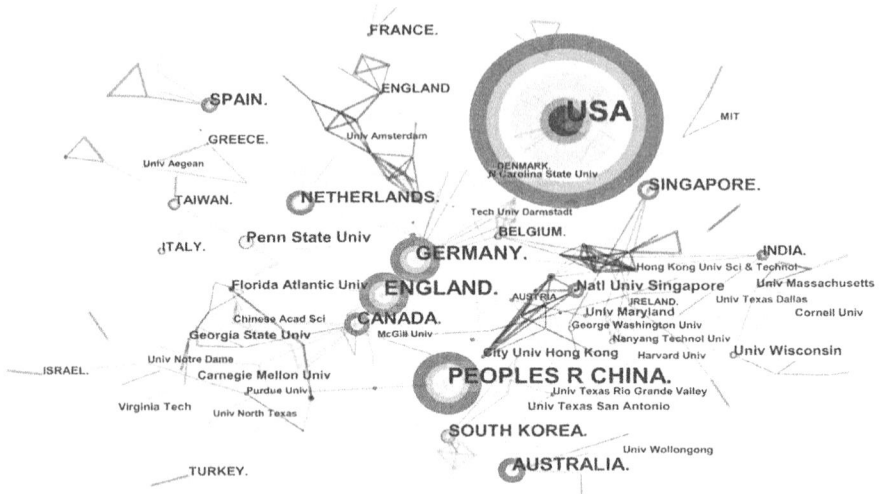

图 5.2　国家/地区与研究机构的知识图谱

表 5.2　国家/地区与研究机构的发文量和中心度排名（依据发文量排名前 15）

排名	发文量	中心度	国家/地区	发文量	中心度	研究机构
1	382	0.65	美国	17	0.16	宾夕法尼亚大学
2	89	0.37	中国	16	0.64	新加坡国立大学
3	58	0.41	英国	13	0.1	威斯康星大学
4	48	0.49	德国	11	0.17	佛罗里达大西洋大学
5	38	0.13	澳大利亚	10	0.11	佐治亚州立大学
6	33	0.38	加拿大	10	0.38	香港城市大学
7	27	0.13	韩国	9	0.09	卡内基梅隆大学
8	26	0.08	西班牙	9	0.23	马里兰大学
9	25	0.17	荷兰	8	0.02	得克萨斯大学圣安东尼奥分校
10	25	0.6	新加坡	7	0.01	弗吉尼亚理工大学
11	16	0.05	法国	7	0	康奈尔大学
12	15	0.01	印度	6	0.29	香港科技大学
13	12	0.33	葡萄牙	6	0	麻省理工学院
14	12	0.01	意大利	6	0.01	得克萨斯里奥格兰德河谷大学
15	12	0.07	日本	6	0.02	中国社会科学院

结合图 5.2 和表 5.2 可以发现，美国的发文量最多（382 篇），其次是中国（89 篇）、英国（58 篇）、德国（48 篇）、澳大利亚（38 篇）和加拿大（33 篇），美国的研究机构以高校为主，如宾夕法尼亚大学（17 篇）、威斯康星大学（13 篇）、佛罗里达大西洋大学（11 篇）、佐治亚州立大学（10 篇）和卡内基梅隆大学（9 篇）等。从发文的影响力来看，美国的节点中心度最大（0.65），其次是新加坡（0.64）、德国（0.49）、英国（0.41）、加拿大（0.38）和中国（0.37）等，而研究机构中，新加坡国立大学（0.64）和香港城市大学（0.38）的节点中心度较为突出。同时，通过知识图谱可知，平台市场中的顾客隐私领域已经形成了几个核心学术群体，如"美国-新加坡""中国-韩国-澳大利亚"和"德国-英国-加拿大"等，这些核心学术群体形成了较为密切的合作网络。

就我国而言，目前在顾客隐私领域已经形成了一定的国际影响力。首先，从发文数量上来看，位居第二，发文数量较多（89 篇）；其次，从发文影响力来看，我国处于网络中心区域①，且连线较多，依托于高校与韩国和澳大利亚等国家保持着密切联系；最后，在科研机构上来看，主要集中在中国社会科学院（6 篇）、南京大学（4 篇）和西安交通大学（4 篇）等。因此，虽然我国在顾客隐私领域取得了一定的进展，但还应该加强与核心学术群体之间的合作，进一步提升我国在该领域的学术影响力。

通过对文献作者的分析，可以识别一个研究领域的核心作者及其之间的合作强度和互引关系。因此，利用 Citespace 进行作者共现聚类分析，并得到如图 5.3 所示的知识图谱，作者名字的大小节表示作者发文量，节点间的连线代表作者存在合作关系，连线粗细表示作者合作的强弱程度，共有 453 个节点、230 条连线。

根据知识图谱中的数据进行汇总整理，可以得到文献作者的发文量排名，如表 5.3 所示。

---

① 由于篇幅有限，图 5.2 只显示了部分结果，而我国在完整版的国家/地区与研究机构的知识图谱中处于网络的中心地位。

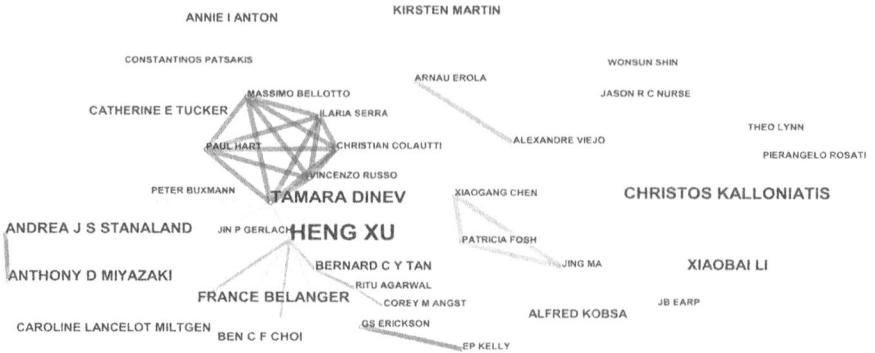

图 5.3　作者共现的知识图谱

表 5.3　　　　　　　　　　作者的发文量排名(前 10)

排序	发文量	作者	发文机构
1	12	Heng Xu	美利坚大学(美国)
2	6	Tamara Dinev	佛罗里达大西洋大学(美国)
3	5	Alessandro Acquisti	卡内基梅隆大学(美国)
4	5	Christos Kalloniatis	爱琴大学(希腊)
5	4	Xiaobai Li	曼彻斯特大学(英国)
6	4	France Belanger	弗吉尼亚理工大学(美国)
7	4	Andrea Stanaland	瑞德福大学(美国)
8	4	Kelly Martin	科罗拉多州立大学(美国)
9	4	Anthony Miyazaki	佛罗里达国际大学(美国)
10	3	Kirsten Martin	乔治华盛顿大学(美国)

　　结合图 5.3 和表 5.3 可知,发文量较多的作者主要来自美国。从作者的合作网络来看,顾客隐私领域的研究整体呈现"小集中,大分散"的特征,作者的合作网络大体上可以分为两类:第一类是信息管理领域学者之间的相互合作,如 Heng Xu 与 Tamara Dinev,以及和他们合作紧密的 Belanger、Caroline Lancelot Miltgen、Paul Hart 和 Choi 等学者;第二类是其他领域学者之间的相互合作,如 Christos Kalloniatis 和 Haralambos Mouratidis、Anthony Miyazaki 和 Andrea Stanaland、Xiaogang Chen、Jing Ma

和 Patricia Fosh 等。核心作者群体关注的问题包括新兴技术情境下的顾客隐私与行为、平台企业对顾客隐私保护、人工智能背景下的隐私保护、隐私保护与信息利用的均衡模式等。

表 5.4 统计了发文数量排名前 10 的期刊，从中可以看出，顾客隐私的发文数量较多的期刊主要分布在信息管理领域，发文量前十的期刊中共有 8 个来自信息管理领域的期刊，如 *Computers in Human Behavior* 和 *Journal of the Association for Information Science and Technology* 等，这说明顾客隐私得到了信息管理领域的广泛关注。此外，运营管理领域的期刊 *Management Science* 和一般管理领域的期刊 *Journal of Business Research* 发文数量也较多。综上，考虑到顾客隐私问题本身就与多个学科相关，可以预见未来还会涌现出更多来自多个领域的学术期刊发表与顾客隐私相关的话题研究。

表 5.4 期刊发文数量的排名（前 10）

排序	期刊名称	篇数	细分领域
1	*Computers in Human Behavior*	103	Information Management
2	*Journal of the Association for Information Science and Technology*	30	Information Management
3	*Information Systems Frontiers*	27	Information Management
4	*International Journal of Information Management*	24	Information Management
5	*Internet Research*	23	Information Management
6	*Management Science*	22	Operation Management
7	*Decisions Support Systems*	21	Information Management
8	*Journal of Business Research*	21	General Management
9	*Electronic Commerce Research and Applications*	18	Information Management
10	*Information & Management*	18	Information Management

考察一个期刊在某个领域的影响力，不仅需要关注该期刊在这个领域的发文数量，而且还需要分析该期刊在这个领域的被引频次。因此，利用

Citespace 对检索到的全部文献进行期刊被引的知识图谱分析，具体如图 5.4 所示。

图 5.4　期刊被引的知识图谱

根据知识图谱中的数据汇总整理，可以得到各个期刊被引频次的排名，具体如表 5.5 所示。从表中可看出，顾客隐私的相关研究主要集中在信息管理领域，被引频次较高的期刊包含 *MIS Quarterly*、*Information System Research* 和 *Computers in Human Behavior* 等。同时，来自市场营销领域的期刊 *Journal of Marketing Research* 和来自一般管理领域的期刊 *Organization Science* 的发文数量也较多。

表 5.5　　　　　　　期刊被引频次的排名（前 10）

排序	期刊名称	被引频次	细分领域
1	*MIS Quarterly*	383	Information Management
2	*Information System Research*	363	Information Management
3	*Computers in Human Behavior*	268	Information Management
4	*Journal of Marketing Research*	232	Marketing
5	*Decisions Support Systems*	213	Information Management

排序	期刊名称	被引频次	细分领域
6	*Journal of Management Information Research*	196	Information Management
7	*Information & Management*	184	Information Management
8	*Organization Science*	177	General Management
9	*Journal of Computer-Mediated Communication*	167	Information Management
10	*Journal of the Association for Information Systems*	166	Information Management

5.2.2 文献梳理

本小节从基础文献和文献聚类两个方面梳理顾客隐私的相关文献，基础文献是指被学者广泛认可和引用的文献，它们能够反映某个领域的基础知识。本小节对顾客隐私领域的相关文献进行关键节点分析，从而识别该领域的基础文献及其核心学者，得到了如图 5.5 所示的文献共被引知识图谱，共有 604 个节点、2263 条连线。

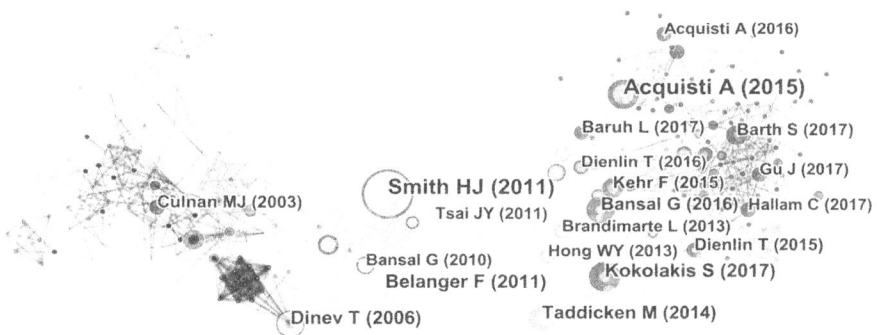

图 5.5 文献共被引的知识图谱（作者）

根据知识图谱中的数据汇总整理，得到如表 5.6 所示被引频次和中心度较高的基础文献(根据被引频次排名前 10)。

表 5.6　被引频次和中心度较高的基础文献(根据被引频次排名前 10)

序号	被引频次	中心度	发表时间	第一作者（姓）	论文标题
1	49	0.05	2015	Acquisti	Privacy and human behavior in the age of information
2	43	0.06	2011	Smith	Information privacy research: An interdisciplinary review
3	27	0.04	2017	Kokolakis	Privacy attitudes and privacy behavior: A review of current research on the privacy paradox phenomenon
4	26	0.05	2011	Bélanger	Privacy in the digital age: A review of information privacy research in information systems
5	26	0.16	2006	Dinev	An extended privacy calculus model for e-commerce transactions
6	23	0.08	2014	Taddicken	The 'privacy paradox' in the social web: The impact of privacy concerns, individual characteristics, and the perceived social relevance on different forms of self-disclosure
7	21	0.13	2016	Bansal	Do context and personality matter? trust and privacy concerns in disclosing private information online
8	20	0.02	2017	Barth	The privacy paradox investigating discrepancies between expressed privacy concerns and actual online behavior a systematic literature review
9	20	0.11	2015	Kehr	Blissfully ignorant: The effects of general privacy concerns, general institutional trust, and affect in the privacy calculus

序号	被引频次	中心度	发表时间	第一作者（姓）	论文标题
10	19	0.04	2003	Culnan	Consumer privacy: Balancing economic and justice considerations

结合图 5.5 和表 5.6 的分析可得，2011—2015 年是顾客隐私研究取得关键性发展的几年，这一阶段的研究结果为后续研究提供了重要的基础理论支撑，推动了顾客隐私领域的持续研究。基础文献中被引频次和中心度都较高的文献是 Acquist 等人于 2015 年发表的文章《Privacy and human behavior in the age of information》，作者系统回顾了关于隐私和行为的研究，深入剖析了顾客面对隐私相关决策时的各种不理智和反常识的行为，并提出了目前隐私研究中的几个关键结论。Smith 与 Bélanger 两位作者分别发表于 *MIS Quarterly* 的两篇综述性文章同样也是隐私研究中的基础文献，两篇文章以不同的视角切入，Smith 等人系统地回顾了过去 30 年来的隐私研究，为后续研究提供了框架思路；Bélanger 等人则在回顾过往研究的基础上侧重揭示现有隐私研究中存在的各种不足，文中提到诸如样本代表性不足、研究层面过于集中在个体、缺乏群体或组织的研究、缺少跨文化的隐私研究等，为后续隐私研究的完善指明了重要的方向。

通过 Citespace 对检索到的 779 篇文献进行聚类分析，得到 11 个较大规模的聚类，且同一聚类下的文献呈现较强的关联度，其中，共有 604 个节点、2263 条连线，具体如图 5.6 所示。聚类分析中提取出来的顾客信任、隐私说明、数据隐私、数据挖掘、精细加工模型和智能应用等充分揭示了平台市场中的用户隐私文献的研究视角、研究背景和实践应用。此外，图 5.6 表明了顾客隐私研究已经发展出一定的细分领域，且呈现出集中性较强和重叠度较高的特点。

根据知识图谱中的数据汇总整理，得到如表 5.7 所示的文献聚类的具体信息和研究内容。

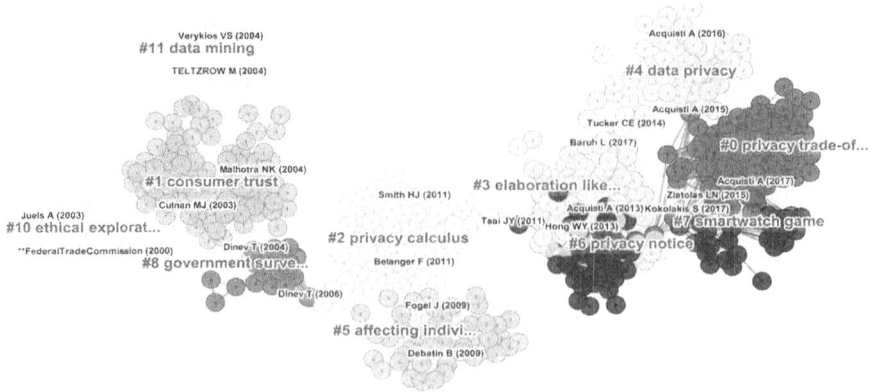

图 5.6　文献共被引的知识图谱(聚类分析)①

表 5.7　　　　　　　　　　文献聚类的具体信息和研究内容

聚类编号	文献数量	聚类名称	研究内容
0	102	privacy trade off	探讨隐私对用户心理与行为决策的影响
1	99	consumer trust	研究电商情境下信任对隐私的影响
2	89	privacy calculus	基于社会交换与理性假设视角研究用户隐私相关行为决策
3	66	elaboration likehood model	从 ELM 模型视角解读用户隐私形成及行为
4	50	data privacy	主要探讨数据隐私对企业与个体用户的影响
5	44	affecting individuals attitude	主要从心理与社会学的视角出发探讨隐私对心理与行为的影响
7	38	privacy notice	研究了隐私保护相关机制对用户的影响
8	28	smartwatch game	研究了前沿技术运用情境下隐私相关问题

①　在本小节的聚类分析中，如果某个聚类的文献篇数少于一定的数量，则在知识图谱中没有展示，这是聚类编号不连续的原因。

聚类编号	文献数量	聚类名称	研究内容
9	18	government surveillance	研究了政府监管对企业与个人隐私的影响
10	9	ethical exploration	主要以案例与理论开发等方式从企业伦理角度探讨隐私相关问题
11	7	data mining	主要探讨前沿技术运用对个人隐私的影响以及如何解决数据利用与隐私保护

结合聚类分析的结果和相关的实际文献,将细分聚类进一步归纳,可以划分出以下三个主要的研究模块:

第一模块:聚类#0、聚类#1和聚类#2,主要聚焦于用户隐私对其心理和行为决策的影响,这一聚类的研究是隐私研究中的核心话题之一。随着信息时代的到来与电子商务的崛起,隐私行为已经成为了信息管理与市场营销领域的重点话题,大量学者基于社会交换理论、社会契约理论、公平理论和效用最大化理论等理论视角来构建隐私与行为的相关模型,而其中得隐私计算或权衡理论(privacy calculus theory)则广泛被学者所采用,隐私计算理论扎根于人的理性假定,将顾客隐私的相关行为视为其对利弊的主观权衡,即顾客通过主观的评价相关行为(如是否披露信息)所带来的损失(如潜在的隐私侵犯风险),以及相应的好处(例如披露信息带来的便利、更好的服务、更为个性化的产品等),并基于这样一种主观的判断决定是否采取相应的行为。

第二模块:聚类#3、聚类#5、聚类#6和聚类#8,侧重于探讨外在情境因素如何影响顾客的隐私感知及行为。大量的研究表明,顾客的行为很容易受到情境因素的影响,理解和探讨情境因素如何影响顾客的心理与行为便是这一模块关注的关键所在。在大量的隐私研究中,许多研究均聚焦于探讨如何通过情境因素或是其他有效的作用机制缓解顾客的隐私担忧,进而促使顾客更加愿意使用如电子商务、社交媒体和定位服务等涉及顾客信息收集的应用。此外，这些研究不仅关注情境因素如何影响用户的隐私态度，同时也探究顾客隐私态度的转变机制，如采用精细加工模型(elaboration likehood model)将促使顾客态度转变的因素分为中心因素(如与隐私保护直接相关的各种因素)和边缘因素(如口碑、声誉和顾客规模等间接因素)。

　　第三模块：聚类#4、聚类#7 和聚类#11，探讨隐私研究的前沿话题，如数据隐私、数据挖掘背景下的顾客隐私和智能设备隐私等。其中，数据隐私是一个比信息隐私更为宏观的概念，平台企业如何实现有效的数据保护与共享已成为当下最值得关注的问题之一，而人工智能的普及对顾客隐私的影响同样值得探讨，因此，如何在智能化时代保护顾客的隐私，如何应对人工智能造成的隐私侵犯问题，如何平衡数据利用和隐私保护，这些都将是需要深入探讨的关键问题。

　　综上，平台市场中的顾客隐私的文献可归类为三个方面：(1)聚类#0、聚类#1 和聚类#2，主要探讨与顾客隐私相关的心理构念(如隐私担忧、信任等)，及其对行为决策的影响；(2)聚类#3、聚类#5、聚类 #6 和聚类#8，主要研究情境因素如何影响顾客隐私的相关决策；(3)聚类#4、聚类#7 和聚类#11，探讨前沿技术情境下顾客隐私的相关问题，如与数据挖掘和智能设备等相关的隐私话题。

5.2.3　关键词共现

　　关键词是对一篇文献核心观点的提炼，是对文献内容的高度概括，出现频次和中心度较高的关键词代表了学术界共同关注的问题，能够较好地反映某个领域的研究现状。平台市场中顾客隐私领域关键词共现的知识图谱如图 5.7 所示，共有 363 个节点、553 条连线，各个节点的大小表示关键词出现频次的高低，节点越大，说明相应的关键词出现的频次越高，而节点间的连线表示关键词的共现。

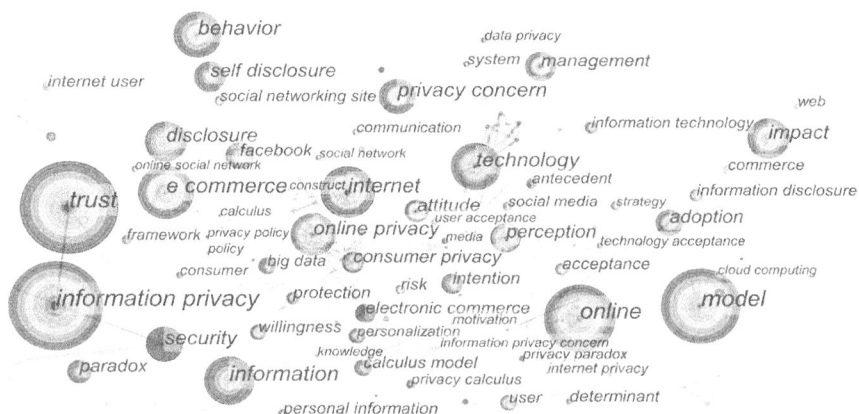

图 5.7 关键词共现的知识图谱

根据知识图谱中的数据汇总整理，得到如表 5.8 所示出现频次和中心度较高的关键词（根据出引频次排名前 30）。其中，出现频次最高的两个关键词是 trust 和 information privacy，其次是 information、e-commerce、behavior、internet 与 privacy concern、technology 和 security 等。结合图 5.7 和表 5.8 可以发现，平台市场中顾客隐私的研究话题不断扩大，根据关键词的分析，可以将研究文献大体归纳为如下几类：第一类是具有 information privacy、online privacy、privacy concern、trust、risk 和 attitude 等关键词的相关文献，主要关注顾客心理感知的隐私与其他心理构念之间的相互关系，如顾客信任和感知风险；第二类是具有 behavior、self-disclosure、intention 和 acceptance 等关键词的相关文献，侧重于研究隐私行为及其相关的结果变量；第三类是具有 online、Facebook 和 e-commence 等关键词的相关文献，通过结合特定的情景来研究顾客隐私的相关问题。

关键词在共现网络中的中心度越大，表明该关键词与其他关键词共同出现的频次越高，则该关键词在共现网络中的影响力也就越大。由表 5.8 可知，关键词出现频次与中心度之间并不存在必然的正相关关系。中心度较高的关键词有 trust、security、consumer privacy、attitude、internet user 和 electronic commence 等，这些关键词代表了顾客隐私领域内的核心话题，且与其他话题存在较大的关联性。

表 5.8　　关键词的出现频次和中心度(根据出现频次排名前 30)

排序	频次	中心度	关键词	排序	频次	中心度	关键词
1	147	0.14	trust	16	48	0.15	perception
2	131	0.01	information privacy	17	46	0.08	adoption
3	129	0	model	18	45	0.26	attitude
4	104	0.01	online	19	42	0	management
5	90	0.07	information	20	41	0	paradox
6	88	0	e-commerce	21	38	0.28	consumer privacy
7	75	0.07	behavior	22	32	0.14	electronic commerce
8	75	0.11	internet	23	32	0.14	facebook
9	69	0.05	privacy concern	24	32	0.02	protection
10	66	0.09	technology	25	31	0.13	intention
11	63	0.11	security	26	29	0.05	acceptance
12	61	0.09	online privacy	27	29	0.04	willingness
13	60	0.05	impact	28	29	0.03	calculus model
14	55	0	disclosure	29	28	0.03	risk
15	51	0.08	self-disclosure	30	48	0.15	internet user

5.3　热点演变与研究趋势

5.3.1　时间轴线

本小节通过关键词共现分析顾客隐私领域的研究热点,并以时区视图的方式来呈现关键词共现的知识图谱,从而揭示研究热点的演变规律,具体如图 5.8 所示，每个节点表示一个关键词，节点越大，表示关键词出现的频次越高，节点所处的时区表示该关键词首次出现的时间，节点之间的连线表示两个关键词同时出现在一篇文献中。由图 5.8 可知，比较重要的关键词按出现的时间顺序依次为 trust、information privacy、behavior、technology、impact、self-disclosure 和 paradox 等。

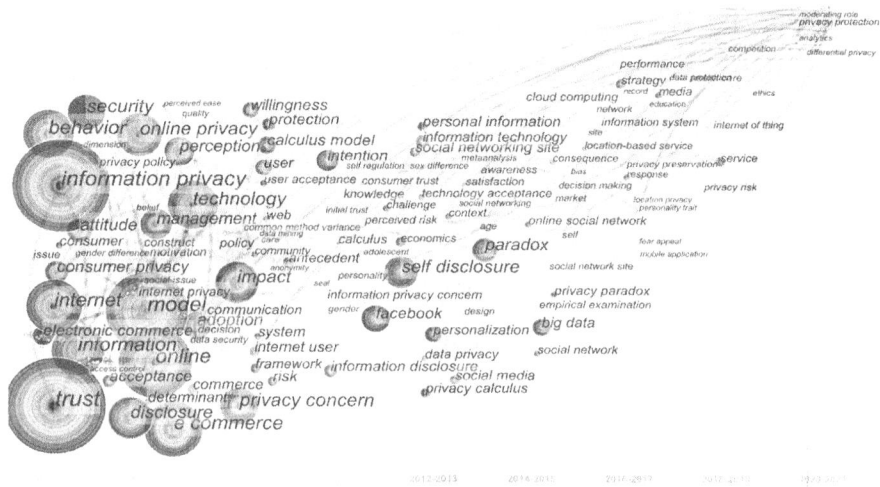

图 5.8 关键词共现的知识图谱(时区视图)

根据知识图谱中的数据汇总整理，得到如表 5.9 所示的各年份的高频关键词，从中可以看出，顾客隐私的早期研究重点探讨电子商务情境下顾客隐私如何影响顾客购买和信息披露意愿，相关的关键词有 trust、self-disclosure、acceptance 和 e-commence 等。2012 年以来，顾客隐私研究开始关注 SNS、社交媒体和网络沟通等新兴情境下顾客隐私的相关问题与行为，这一阶段出现的关键词有 social media、communication、SNS、OSN、Internet of things、location based service、health care 和 recommender system 等。同时，这一时期也出现了与隐私保护相关的研究，相应的关键词有 privacy protection、privacy preservation 和 data protection 等。近些年来出现了一些新兴的关键词，如 2016 年的 strategy media、performance 和 personality traits 等；2017 年的 health care 和 data breach 等；2018 年的 internet of things，competition 和 engagement 等；2019 年的 ethics 和 recommender system 等，以及最近两年的 analytics，machine learning，artificial intelligence，developing country 和 loyalty 等。

表 5.9　　　　　　　　　各年份的高频关键词

年份	关　键　词
2004	trust, information privacy, behavior, security, attitude, consumer privacy
2005	information, internet, electronic commerce, acceptance
2006	internet, electronic commerce, online, disclosure
2007	adoption, communication, decision, computer
2008	privacy concern, impact, protection, willingness, calculus model
2009	intention, information disclosure, calculus, information privacy concern
2010	self-disclosure, facebook, perceived risk, challenge, economics
2011	personal information, SNS, social media, information technology, privacy calculus
2012	personalization, data privacy, technology acceptance, satisfaction, context
2013	paradox, awareness, age, computer mediated communication
2014	big data privacy paradox, online social network, social network, cloud computing
2015	information system, location-based service, network, site, choice, public policy
2016	strategymedia, performance, privacy preservation, response, personality trait
2017	health care, data protection, reactance, internet user, data breach
2018	service, internet of thing, privacy risk, competition, engagement
2019	ethics, recommender system, customer, calculus model, people, risk taking
2020	privacy protection, analytics. moderating role, developing country, unified theory, loyalty
2021	differential privacy, machine learning, benefit, artificial intelligence, apco macro model

以时区视图的方式呈现关键词聚类的知识图谱，从而分析顾客隐私领域的研究热点及其演变规律，具体如图 5.9 所示，关键词聚类产生了 12 个大类。聚类#1 中关键词的发展路径是：system，computer technology，computer television 到 agency，anonymity 等，这一聚类的研究重点是探讨不同技术情境下的顾客隐私相关问题；聚类#3 中关键词的发展路径是：causal model，concern for information privacy，consumer trust 到 behavior change 等，这一聚类的内容主要研究顾客隐私担忧对态度与行为的影响。此外，聚类#0、聚类#9 和聚类#6 的研究持续性较差，不是持续的研究热点；而聚类#1、聚类#2、聚类#3 和聚类#4、聚类#5 的研究均持续到 2021 年，能够较好地反映当前研究的前沿主题与研究趋势。

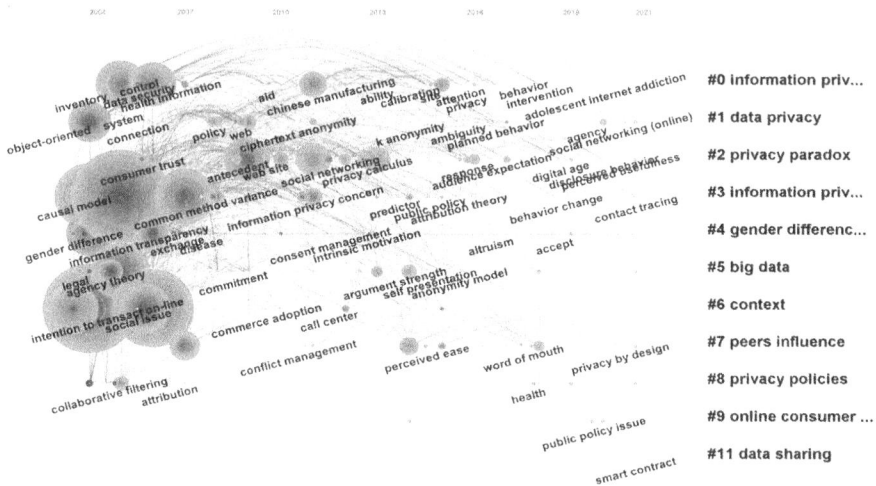

图 5.9 关键词聚类的知识图谱（时区视图）

5.3.2 突现分析

突现文献具有较高的研究价值，能够反映某个领域研究热点的演变，本小节采用 Citespace 提供的突现检测算法，得到了如表 5.10 所示的突现文献，表中标识了突现的强度，突现的起止年份，这有助于观察研究热点的演进脉络。突现文献的研究主题可以划分为以下几个方面：（1）关注电子商务情境中顾客隐私及其相关行为，探讨顾客隐私对顾客购买、信息披露等行为的影响以及隐私保护政策的作用；（2）关注新兴技术背景或商业模式中的顾客隐私问题，将顾客隐私情景拓展到诸如网络医疗、定位服务和网络营销等研究情境，探讨这些情境独有的特征与因素对顾客隐私及其行为的影响；（3）进行系统性的综述，这类文献在总结过往研究的基础上，结合时代发展与研究现状为后续研究提供了坚固的理论基础，它们往往也是顾客隐私领域突现时间最长与突现强度最高的文献。

表 5.10　　　　　　　　突现文献（根据开始年份排名前 20）

序号	第一作者（姓）	文献标题	突现强度	开始年	结束年
1	Culnan	Consumer privacy：Balancing economic and justice considerations	10.88	2004	2009
2	Dinev	An extended privacy calculus model for e-commerce transactions	12.43	2006	2011
3	Malhotra	Internet users' information privacy concerns（IUIPC）：The construct, the scale, and a causal model	8.5	2006	2009
4	Milne	Strategies for reducing online privacy risks：Why consumers read（or don't read）online privacy notices	7.36	2006	2009
5	Hui	The value of privacy assurance：An exploratory field experiment	7.29	2008	2011
6	Son	Internet users' information privacy-protective responses：A taxonomy and a nomological model	7.06	2008	2013
7	Awad	The personalization privacy paradox：An empirical evaluation of information transparency and the willingness to be profiled online for personalization	6.77	2008	2011

序号	第一作者（姓）	文献标题	突现强度	开始年	结束年
8	Bansal	The impact of personal dispositions on information sensitivity, privacy concern and trust in disclosing health information online	7.29	2010	2015
9	Xu	The role of push-pull technology in privacy calculus: The case of location-based services	5.96	2010	2013
10	Smith	Information privacy research: An interdisciplinary review	16.35	2012	2017
11	Belanger	Privacy in the digital age: A review of information privacy research in information systems	11.08	2012	2017
12	Fogel	Internet social network communities: Risk taking, trust, and privacy concern	7.06	2012	2015
13	Xu	The personalization privacy paradox: An exploratory study of decision making process for location-aware marketing	6.35	2012	2017
14	Tsai	The effect of online privacy information on purchasing behavior: An experimental study	8.66	2014	2017
15	Pavlou	State of the information privacy literature: Where are we now and where should we go?	7.12	2014	2017
16	Brandimart	Misplaced confidences: Privacy and the control paradox	6.16	2014	2019
17	Xu	Research note-effects of individual self-protection, industry self-regulation, and government regulation on privacy concerns: A study of location-based services	5.92	2014	2017
18	Dinev	Information privacy and correlates: An empirical attempt to bridge and distinguish privacy-related concepts	5.73	2014	2019

续表

序号	第一作者（姓）	文献标题	突现强度	开始年	结束年
19	Taddicken	The 'privacy paradox' in the social web: The impact of privacy concerns, individual characteristics, and the perceived social relevance on different forms of self-disclosure	9.71	2016	2019
20	Hong	Internet privacy concerns: An integrated conceptualization and four empirical studies	7	2016	2019

除了文献突现以外，还可以运用关键词突现来跟踪研究热点的演变，利用 Citespace 探测短时间内出现频次迅速增加的关键词，这可以在很大程度上体现学者们研究热点的变化。表 5.11 列出了出现频次激增的关键词，表中标识了突现的强度，突现的起止年份，这有助于观察研究热点的演进脉络。由表 5.11 可知，大部分关键词突现已经结束，如"消费者""电子商务""隐私政策"和"网络隐私"等关键词，这些关键词都曾是当时阶段的研究热点，还有一部分关键词突现尚未结束，如"隐私悖论""前因"和"服务"等关键词，这些关键词将成为现在以及未来一段时间的研究热点。

表 5.11　　　　　突现关键词（根据开始年份排名前 20）

排序	关键词	突现强度	开始年份	结束年份
1	security	6.35	2004	2011
2	consumer	4.57	2004	2009
3	issue	3.67	2004	2009
4	privacy policy	2.72	2004	2007
5	electronic commerce	2.64	2004	2013
6	information privacy	4.73	2006	2009
7	internet privacy	3.63	2006	2013
8	social issue	3.62	2006	2011

排序	关键词	突现强度	开始年份	结束年份
9	management	2.85	2006	2009
10	internet user	3.94	2008	2013
11	seal	2.94	2008	2011
12	policy	2.87	2008	2011
13	e commerce	2.84	2010	2011
14	self-regulation	2.6	2010	2015
15	sex difference	3.08	2012	2015
16	social networking	3.08	2012	2015
17	design	2.72	2012	2015
18	consequence	3.09	2014	2019
19	social networking site	4.2	2016	2017
20	paradox	6.04	2018	2021

5.3.3 趋势预测

本小节采用战略图的方式来绘制顾客隐私领域关键词的分布，从而进行研究趋势的预测，具体如图 5.10 所示，以关键词的出现频次作为 X 轴、以关键词的中心度作为 Y 轴，原点代表频次和中心度的中值，分析可知：

1. 第一象限：主流话题

第一象限的关键词具有较高的频次与中心度的特点，代表了当前研究的主流话题，并且与其他话题的关联度较高。根据图 5.10 发现，平台市场中的顾客隐私领域出现第一象限的关键词有"安全""信任""自我披露""信息"和"消费者隐私"等。

2. 第二象限：高潜热点

第二象限的关键词具有低频次与高中心度的特点，代表了具有较高潜力的热点话题，根据图 5.10 发现，平台市场中的顾客隐私领域中的"系统""商务"和"Facebook"等关键词属于第二象限，这些将是未来一段时间来的热点话题。

3. 第三象限：孤岛话题

第三象限的关键词既不具备高频次，也不具有高中心度，代表了研究的孤岛话题，根据图 5.10 发现，平台市场中的顾客隐私领域的孤岛话题较多，这一方面说明了相关研究还相对割裂，另一方面也说明这些关键词出现的时间还比较短，未来可能成为新兴的研究热点，比如"社会网络""大数据"和"社交媒体"等。

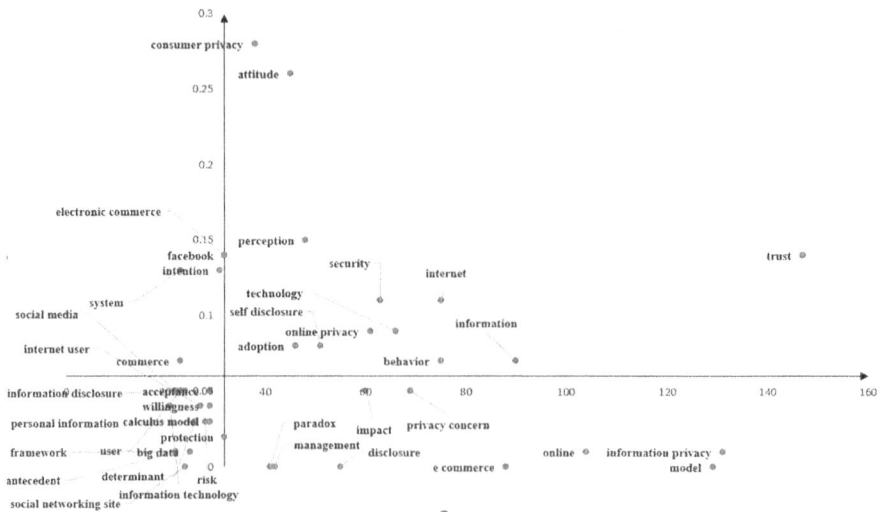

图 5.10　顾客隐私领域关键词的分布

4. 第四象限：边缘话题

第四象限的关键词具有高频次与低中心度的特征，代表了研究的边缘话题，比如"悖论""效应"和"披露"等，这些关键词反映的研究话题与其他话题的关联度不高，是相对独立的研究话题。

参考文献

[1] Acquisti A, Brandimarte L, Loewenstein G. Privacy and human behavior in the age of information[J]. Science, 2015, 347(6221): 509-514.

[2] Al-Natour S, Cavusoglu H, Benbasat I, Aleem U. An empirical investigation of the antecedents and consequences of privacy uncertainty in the context of mobile apps[J]. Information Systems Research, 2020, 31(4): 1037-1063.

[3] Belanger F, Crossler R E. Privacy in the digital age: A review of information privacy research in information systems[J]. MIS Quarterly, 2011, 35(4): 1017-1041.

[4] Kehr F, Kowatsch T, Wentzel D, Fleisch E. Blissfully ignorant: The effects of general privacy concerns, general institutional trust, and affect in the privacy calculus[J]. Information Systems Journal, 2015, 25(6): 607-635.

[5] Malhotra N K, Kim S S, Agarwal J. Internet users' information privacy concerns (IUIPC): The construct, the scale, and a causal model[J]. Information Systems Research, 2004, 15(4): 336-355.

[6] Milne G R, Culnan M J. Strategies for reducing online privacy risks: Why consumers read (or don't read) online privacy notices[J]. Journal of Interactive Marketing, 2004, 18(3): 15-29.

[7] Smith H J, Dinev T, Xu H. Information privacy research: An interdisciplinary review[J]. MIS Quarterly, 2011, 35(4): 989-1015.

第6章　平台市场中的顾客评论

6.1　行为简介与文献检索

6.1.1　行为简介

电子商务情境具有比较严重的信息不对称问题，即顾客在购买决策的过程中无法全面地评估产品的实际情况，而线上评论则成为了顾客获取产品信息的重要来源。相比于卖家提供的产品信息，顾客评论对产品的描述更加真实可靠。对于评论接收者而言，他们可以在购买产品之前搜索浏览相关的评论信息，从而完整地获取产品的相关信息，以帮助他们评估产品质量，因此，线上评论已经成为顾客获取信息的重要来源。根据顾客评论的来源不同，可以将顾客评论大致划分为两种类型：（1）交易平台中的顾客评论(如淘宝网和京东等)；（2）社交媒体平台中的顾客评论(如小红书、大众点评网、博客和微博等)。

近些年，基于社交媒体平台的顾客评论发展迅速，这种模式之下的顾客评论会逐步引导后续顾客形成明确的产品需求，从而进行购买决策。以我国的小红书 App 为例，每天产生超过 100 亿次的评论信息，用户可在平台上以文字、图片或视频的形式创建、发布和分享有关产品或服务的消费体验和意见。同时，用户也可以主动搜索产品评论，并与评论发布者进行双向的交流，从而精准地获得想了解的产品信息。小红书丰富的评论信息对顾客定位产品需求、获取产品信息，并最终做出合理的购买决策有着重要的影响作用。

综上，平台市场中顾客评论的相关研究取得了快速发展，但系统性、全方位回顾过往顾客评论研究的文献还相对欠缺。本章从国家与机构、期刊与作者、基础文献以及共现与聚类进行研究现状的梳理，并从时间轴线、突现分析以及趋势预测进行热点演变与研究趋势的分析，从而为平台市场中的相关企业提供实践借鉴，也为顾客评论的后续研究提供一定的方向和建议。

6.1.2 文献检索

本章以 Web of Science 数据库的核心期刊集为数据来源，对平台市场中顾客评论的相关研究进行检索。为了避免检索中误检和漏检的情况，在参考经典文献和咨询相关专家的前提下，针对研究主题设计了合理的逻辑关系检索式，从而确保检索结果能够尽量全面覆盖该领域的代表性结果，检索设计和检索结果如表 6.1 所示。根据平台市场中顾客评论的提出时间和文献检索的初步结果，检索的时间范围最终设定为 2004—2021 年。此外，由于本书重点关注管理学领域的相关研究，结合顾客评论的研究特点，分别从管理学的四个细分领域进行了文献收集与检索：信息管理（Information Management）、市场营销（Marketing）、运营管理（Operations Management）和一般管理（General Management）。① 进一步，针对每个细分

---

① 运营管理包括 OPS & TECH 和 OR & MAN SCI；一般管理包括 ETHICS-CSR-MAN、HRM & EMP、IB & AREA、ORG STUD 和 STRAT。

领域，选定 ABS 三星及以上的期刊(共计 173 本期刊，具体期刊目录详见附录)，① 并进行期刊内的关键词检索(关键词详见附录)，根据以上的检索规则，共检索到 563 篇顾客评论的相关文献。

表 6.1　　　　　　　　　　　　检索设计与检索结果

数据库	Web of Science 数据库核心期刊集
检索方式	期刊内关键词检索
文献类型	article/review/proceeding-paper
时间跨度	2004—2021 年
检索时间	2022 年 5 月
文献数量(篇)	563

将文献数据导入 Citespace 之前，对检索到的 563 篇文献进行再次筛选和分析，结果显示并没有重复文献，因此，最终获得 563 篇有效文献。图 6.1 显示了发文数量的年度分布情况，整体而言，顾客评论领域的发文数量呈现逐年递增且指数增长趋势($y = 4.5572\,e^{0.1662x}$，$R^2 = 0.9413$)。可划分为两个阶段：2012 年以前，年均发文量少于 20 篇且增长缓慢，说明顾客评论领域还并没有得到广泛的关注；从 2013 年开始，随着电子商务的快速发展，顾客评论的研究吸引了众多学者的关注，成为一个热点话题，年均发文量也迅速攀升，尤其是自 2019 年以来，随着社交电商平台的兴起，顾客评论的相关研究稳定增长，并在 2021 年达到最高峰(89 篇)，这也说明平台市场中顾客评论已经成为研究的热点话题。

---

　　①　由于信息管理领域与平台市场关系更加紧密，因此，信息管理领域选择 ABS 两星及以上期刊。

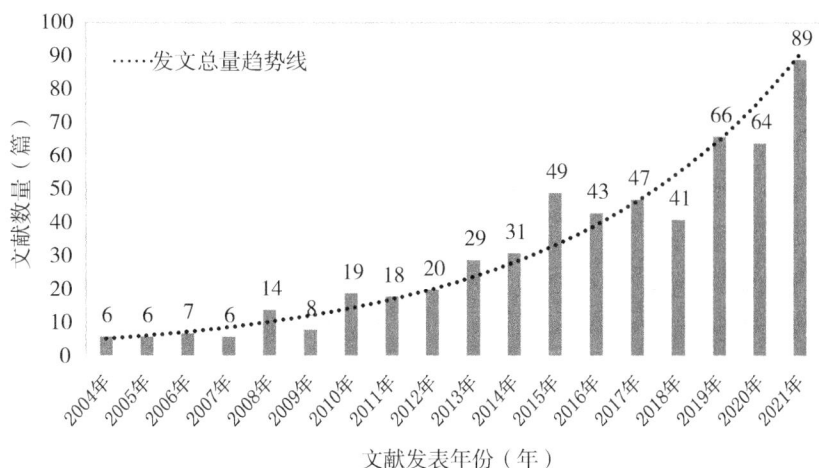

图 6.1 平台市场中顾客评论发文量的年度分布(2004—2021 年)

6.2 研究现状

6.2.1 文献分布

本小节将从国家/地区、研究机构、作者和期刊四个方面对顾客评论的文献分布进行统计分析。Citespace 可以将各个国家/地区与研究机构的发文数量、合作情况和中心度通过"年轮"的形式展示出来,其中,年轮的大小代表发文数量的多少,而年轮中最外围圆圈的宽度则代表中心度的高低,最外围圆圈的宽度越大则表示中心度取值越高。图 6.2 以国家/地区和研究机构同时作为网络节点而制作的知识图谱,其中有节点 99 个、连线110 条。

根据知识图谱中的数据进行汇总整理,可以得到国家/地区与研究机构的发文量排名,如表 6.2 所示。

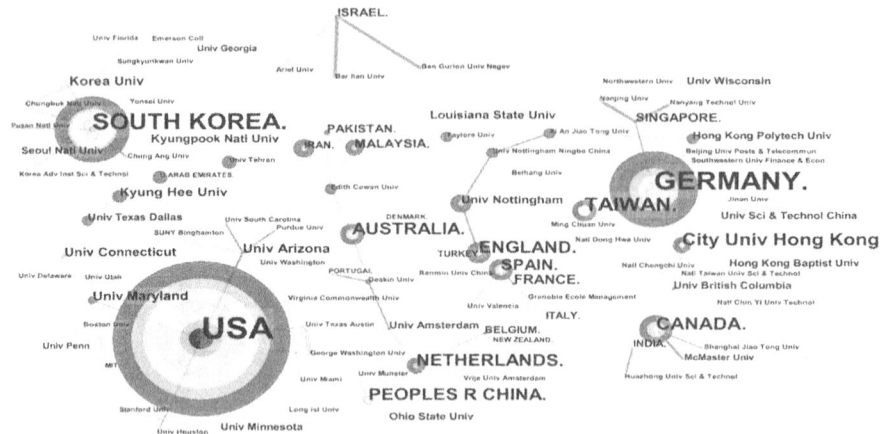

图 6.2　国家/地区与研究机构的知识图谱

表 6.2　国家/地区与研究机构的发文量和中心度排名(依据发文量排名前 15)

排名	发文量	中心度	国家/地区	发文量	中心度	研究机构
1	191	0.47	美国	16	0.29	香港城市大学
2	79	0.81	德国	7	0.11	亚利桑那大学
3	62	0.04	中国	5	0	庆熙大学
4	46	0.43	韩国	7	0.97	高丽大学
5	17	0.15	加拿大	7	0.56	马里兰大学
6	15	0.21	荷兰	6	0.04	康涅狄格大学
7	15	0.27	澳大利亚	5	0	庆北国立大学
8	15	0.32	英国	5	0.92	诺丁汉大学
9	11	0.23	西班牙	5	0	路易斯安那州立大学
10	8	0.2	法国	4	0	明尼苏达大学
11	6	0.74	马来西亚	4	0	俄亥俄州立大学
12	6	0.15	新加坡	4	0.73	香港浸会大学
13	5	0	以色列	4	0	香港理工大学
14	5	0.33	巴基斯坦	4	0.66	国立首尔大学
15	4	0.04	印度	4	0.66	得克萨斯大学达拉斯分校

结合图6.2和表6.2的分析可知，就发文量而言，美国的发文量最多(191篇)，其次是德国(79篇)、中国(62篇)、韩国(46篇)、加拿大(17篇)和荷兰(15篇)。美国的研究机构以高校为主，如亚利桑那大学(7篇)、马里兰大学(7篇)、康涅狄格大学(6篇)、路易斯安那州立大学(5篇)和明尼苏达大学(5篇)等。从发文影响力来看，德国的节点中心度最大(0.81)，其次是马来西亚(0.74)、美国(0.47)和韩国(0.43)等。在研究机构中，庆熙大学(0.97)和诺丁汉大学(0.92)节点中心度较为突出。此外，通过知识图谱可知，平台市场中的顾客评论领域已经形成了几个核心学术群体，如"澳大利亚-荷兰-马来西亚-智利""加拿大-印度""德国-中国台湾-新加坡""英国-西班牙-法国-土耳其-意大利""瑞典-中国"和"巴基斯坦-伊朗-马来西亚"等，这些核心学术群体形成了较为密切的合作网络。

就我国而言，目前在顾客评论领域有一定的国际影响力，但仍然需要进一步提升。首先，从发文数量上来看，位居第三，发文量较多(62篇)；但是，从发文影响力来看，我国处于网络的边缘区域，且连线不多；最后，在科研机构上来看，主要集中在我国香港地区，如香港城市大学(16篇)、香港浸会大学(4篇)和香港理工大学(4篇)等。

通过对文献作者的分析，可以识别一个研究领域的核心作者及其之间的合作强度和互引关系。因此，利用Citespace进行作者共现聚类分析，并得到如图6.3所示的知识图谱，作者名字的大小节表示作者的发文量，节点间的连线代表作者存在合作关系，连线粗细表示作者合作的强弱程度，共有1344个节点、1755条连线。

根据知识图谱中的数据进行汇总整理，可以得到文献作者的发文量排名，如表6.3所示。

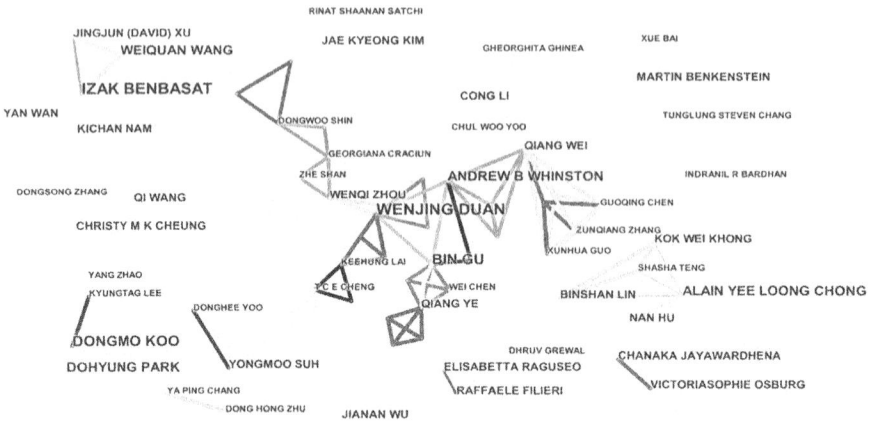

图 6.3　作者共现的知识图谱

表 6.3　　　　　　　　　作者的发文量排名 (前 20)

排序	发文量	作者	发文机构
1	6	Izak Benbasat	英属哥伦比亚大学(加拿大)
2	6	Wenjing Duan	乔治·华盛顿大学(美国)
3	5	Bin Gu	得克萨斯大学奥斯汀分校(美国)
4	5	Dongmo Koo	庆北大学(韩国)
5	4	Weiquan Wang	香港城市大学(中国)
6	4	Alain Yee Loong Chong	宁波诺丁汉大学商学院(中国)
7	4	Adrew Whinston	得克萨斯大学奥斯汀分校(美国)
8	4	Dohyung Park	韩国科学技术院(韩国)
9	3	JaeKyeong Kim	庆熙大学(韩国)
10	3	PaoloNeirotti	都灵理工大学(意大利)
11	3	Rffaele Filieri	诺森比亚大学(英国)
12	3	ElisabettaRaguseo	格勒诺布尔高等商学院(法国)
13	3	Kichan Nam	沙迦美国大学(阿联酋)
14	3	Yan Wan	北京邮电大学(中国)
15	3	Chanaka Jayawardhena	赫尔大学(英国)

续表

排序	发文量	作者	发文机构
16	3	Qi Wang	纽约州立大学宾汉姆顿分校(美国)
17	3	Jinjun Xu	香港城市大学(中国)
18	3	Qiang Ye	哈尔滨工业大学(中国)
19	3	Christy Mk Cheung	香港浸会大学(中国)
20	3	Nan Hu	威斯康星大学欧克莱尔分校(美国)

结合图 6.3 和表 6.3 可知，发文量较多的作者主要来自美国、中国和韩国。从作者的合作网络来看，顾客评论领域的研究整体呈现"小集中、大分散"的特征，作者的合作网络大体可以分为两类：第一类是来自同一研究机构的合作关系，如香港城市大学的 Weiquan Wang 和 Jinjun Xu 组成的合作团队，得克萨斯大学奥斯汀分校的 Bin Gu 和 Adrew Whinston 组成的合作团队；第二类是来自不同研究机构的合作关系，如英属哥伦比亚大学的 Izak Benbasat 和乔治·华盛顿大学的 Wenjing Duan，宁波诺丁汉大学商学院的 Alain Yee Loong Chong 和威斯康星大学欧克莱尔分校的 Nan Hu。核心作者群体关注的问题包括：平台市场中顾客评论的动机、平台市场中顾客评论的传播机制、顾客评论对消费者心理感知的影响机制、顾客评论对后续顾客购买决策的影响和顾客评论对企业绩效的影响等。

表 6.4 统计了发文数量排名前 10 的期刊，从中可以看出对顾客评论发文数量较多的期刊主要在信息管理领域，如 *Decision Support Systems*，*Computers in Human Behavior*，*Electronic Commerce Research and Applications* 和 *Internet Research* 等期刊，这说明顾客评论得到了该领域的广泛关注。此外，一般管理领域的相关期刊的发文数量也较多，如 *Journal of Business Research* 等期刊。营销领域中的期刊 *Journal of Interactive Marketing* 对顾客评论的发文数量也较多。

表 6.4　　　　　　　　　　期刊发文数量的排名 (前 10)

排序	期刊名称	篇数	细分领域
1	*Decision Support Systems*	89	Information Management
2	*Computers in Human Behavior*	88	Information Management
3	*Journal of Business Research*	58	General Management
4	*Electronic Commerce Research and Applications*	55	Information Management
5	*Internet Research*	41	Information Management
6	*Journal of Interactive Marketing*	33	Marketing
7	*Electronic Commerce Research*	29	Information Management
8	*International Journal of Information Management*	28	Information Management
9	*Information Systems Research*	27	Information Management
10	*International Journal of Electronic Commerce*	22	Information Management

　　考察一个期刊在某个领域的影响力，不仅需要关注该期刊在这个领域的发文数量，而且还需要分析该期刊在这个领域的被引频次。因此，利用 Citespace 对检索到的全部文献进行期刊被引的知识图谱分析，具体如图 6.4 所示。

　　根据知识图谱中的数据进行汇总整理，可以得到期刊被引频次的排名，如表 6.5 所示。其中，来自市场营销领域的期刊 *Journal of Marketing Research* 的被引频次最高。此外，被引频次排名靠前的其他期刊主要分为两类，一类是市场营销领域的期刊，如 *Journal of Marketing*，*Journal of Interactive Marketing* 和 *Journal of Consumer Research* 等期刊，另一类是信息管理领域的期刊，如 *Decision Support Systems* 和 *MIS Quarterly* 等期刊，这说明平台市场中的顾客评论得到了市场营销和信息管理学者的广泛关注。此外，运营管理领域的期刊 *Management Science* 和一般管理领域的期刊 *Journal of Business Research* 的被引频次也较高。

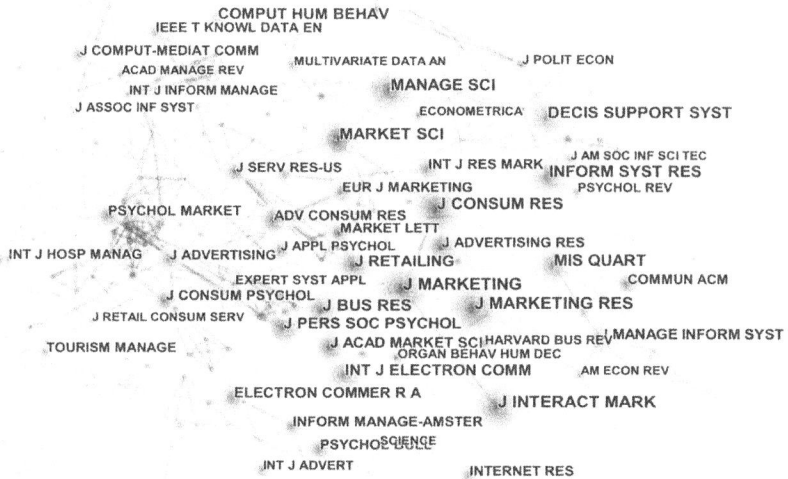

图 6.4　期刊被引的知识图谱

表 6.5　　　　　　期刊被引频次的排名(前 10)

排序	期刊名称	被引频次	细分领域
1	*Journal of Marketing Research*	400	Marketing
2	*Journal of Marketing*	273	Marketing
3	*Journal of Interactive Marketing*	262	Marketing
4	*Journal of Consumer Research*	247	Marketing
5	*Decision Support Systems*	244	Information Management
6	*Management Science*	241	Operations Management
7	*MIS Quarterly*	234	Information Management
8	*Journal of Business Research*	221	General Management
9	*Information Systems Research*	219	Information Management
10	*Marketing Science*	192	Marketing

6.2.2　文献梳理

本小节从基础文献和文献聚类两个方面梳理顾客评论的相关文献，基础文献是指被学者广泛认可和引用的文献，它们能够反映某个领域的基础知识。本小节对顾客评论领域的相关文献进行关键节点分析，从而识别该领域的基础文献及其核心学者，得到了如图 6.5 所示的文献共被引知识图谱，共有 526 个节点、909 条连线。

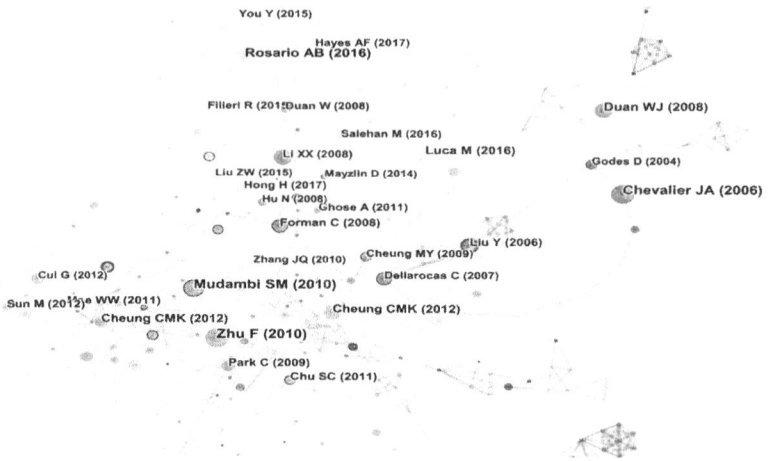

图 6.5　文献共被引的知识图谱(作者)

根据知识图谱中的数据汇总整理，得到如表 6.6 所示被引频次和中心度较高的基础文献(根据被引频次排名前 10)。

表 6.6　被引频次和中心度较高的基础文献(根据被引频次排名前 10)

序号	被引频次	中心度	发表时间	第一作者(姓)	论文名称
1	28	0.01	2010	Zhu	Impact of online consumer reviews on sales: The moderating role of product and consumer characteristics

序号	被引频次	中心度	发表时间	第一作者（姓）	论文名称
2	27	0.01	2006	Chevalier	The effect of word of mouth on sales: Online book reviews
3	26	0.11	2010	Mudambi	What makes a helpful online review? A study of customer reviews on Amazon.com
4	23	0.02	2016	Rosario	The effect of electronic word of mouth on sales: A meta-analytic review of platform, product, and metric factors
5	19	0	2008	Duan	Do online reviews matter? —— An empirical investigation of panel data
6	18	0.03	2012	Cheung	The impact of electronic word-of-mouth communication: A literature analysis and integrative model
7	17	0.09	2016	Luca	Fake it till you make it: Reputation, competition, and yelp review fraud
8	17	0.04	2012	Cheung	What drives consumers to spread electronic word of mouth in online consumer-opinion platforms
9	16	0.21	2006	Liu	Word of mouth for movies: Its dynamics and impact on box office revenue
10	16	0.1	2011	Moe	The value of social dynamics in online product ratings forums

根据图6.5和表6.6的分析可得，2010—2012年是顾客评论的相关研究取得关键性发展的3年，这一时期的研究结果成为该领域的主要基础文献。10篇基础文献中被引频次和中心度都较高的文献是Mudambi于2010年发表的《What makes a helpful online review? A study of customer reviews on Amazon.com》。论文提出了一个评价顾客评论有用性的理论模型，并使用Tobit回归分析对Amazon.com上6种产品的1587条评论进行了实证分析与检验。此外，在这10篇基础文献中，有部分学者针对游戏、书籍和电影等产业，采用实证分析的方法研究了顾客评论对产品销售的影响。如Zhu（2010）利用游戏行业的数据，研究顾客评论对产品销售的影响；Chevalier

(2006)则通过分析 Amazon. com 和 Barnesandnoble. com 中书籍产业的顾客评论数据，发现相比于评论的星级，评论的文本信息对产品销售的影响更大；Duan(2008)，Babic(2016)和 Liu(2006)研究了电影产业中顾客评论的影响机制。

通过 Citespace 对检索到的 563 篇文献进行聚类分析，得到 16 个较大规模的聚类，且同一聚类下的文献呈现较强的关联度。其中，共有 526 个节点、909 条连线，具体如图 6.6 所示。聚类分析中提取出来的顾客评论、评论有用性、调节角色、在线社交网络、购买意向、财务绩效和在线顾客社区等充分揭示了平台市场中顾客评论的研究现状。此外，图 6.6 表明顾客评论研究已经发展出一定的细分领域，且呈现出集中性较强和重叠度较高的特点。

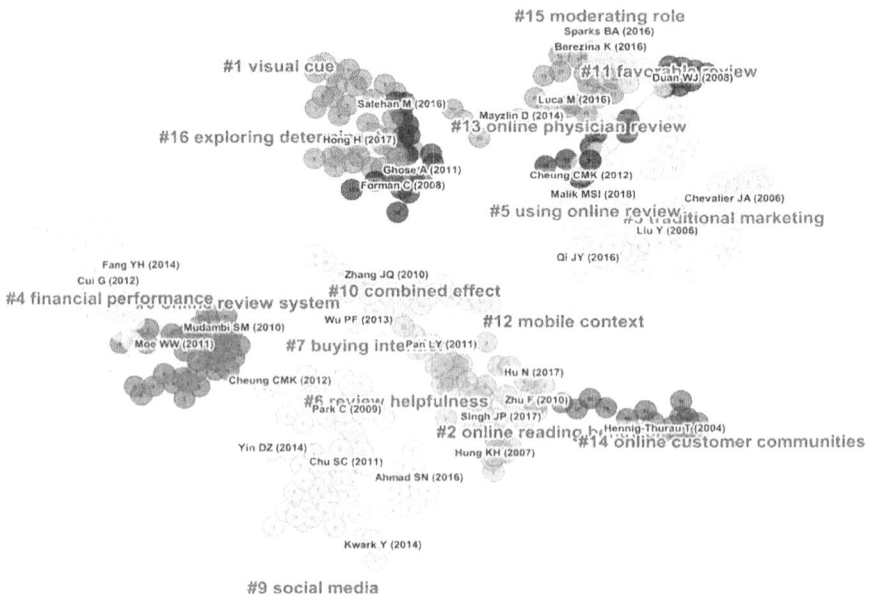

图 6.6　文献共被引的知识图谱(聚类分析)①

①　在本小节的聚类分析中如果某个聚类的文献篇数少于一定的数量，则在知识图谱中就没有展示，这是聚类编号不连续的原因。

根据知识图谱中的数据汇总整理，得到如表 6.7 所示的文献聚类的具体信息和研究内容。

表 6.7　　　　　　　　　文献聚类的具体信息和研究内容

聚类编号	文献数量	聚类名称	研究内容
0	38	online review system	顾客评论对购买决策、产品销量的影响
1	37	visual cue	影响顾客评论感知有用性的因素
2	27	online reading behavior	从评论接收者角度研究接收者的特征对在线评论效果的影响
3	27	traditional marketing	在电子商务情境中探讨顾客评论对企业产品或服务销量的影响
4	27	financial performance	在社交网站情境下探究影响用户采纳其他用户分享的评论信息的因素
5	27	using online review	从评论发布者角度研究发布者的特征对顾客评论感知有用性的影响
6	26	review helpfulness	从评论信息特征的视角研究影响顾客评论感知有用性的因素
7	25	buying intention	研究顾客评论对购买意愿的影响
9	24	social media	采用文本情感分析法研究评论文本蕴含的情感对消费者行为的影响
10	23	combined effect	从评论信息角度研究影响评论信息对顾客评论感知有用性的影响
11	23	favorable review	考虑评论信息的内生性并探究在线评论和电影销售之间的相互影响关系
12	23	mobile context	研究产品和消费者特征的调节作用
13	21	online physician review	研究影响顾客评论感知可信度的因素
14	19	online customer communities	研究在线顾客评论的内涵和特征

续表

聚类编号	文献数量	聚类名称	研究内容
15	18	moderating role	研究在线负面评论和商家回应对潜在客户购买意愿的影响
16	17	exploring determine	从评论信息的视角探究评论信息的特征对评论感知有用性的影响

聚类#0(online review system)：这一聚类的文献数量最多，共 38 篇文献，被引用时间大多是在 2013—2016 年。这一聚类的文献主要研究平台市场中顾客评论对购买决策、产品销量的影响，代表性文献主要包括《What makes a helpful Online review? A study of customer reviews on Amazon. com》和《The value of social dynamics in online product ratings forums》等。同时，这一聚类和聚类#4(financial performance)有着较强的关联。

聚类#1(visual cue)：这一聚类的文献数量较多，共 37 篇文献，被引用时间大多是在 2016—2017 年。这一聚类的文献主要探讨顾客评论的感知有用性及其影响因素，代表性文献主要包括《Predicting the performance of online consumer reviews：A sentiment mining approach to big data analytic》和《Understanding the determinants of online review helpfulness：A meta-analytic investigation》等。同时，这一聚类和聚类#16(exploring determine)有着较强的关联。

聚类#2(online reading behavior)：这一聚类的文献数量居中，共 27 篇文献，被引用的时间主要是在 2010—2012 年。这一聚类的文献主要从口碑接收者角度研究接收者的特征对在线评论效果的影响，代表性文献主要包括《On self-selection biases in online product reviews》和《Impact of online consumer reviews on sales：The moderating role of product and consumer characteristics》等。此外，这一聚类与聚类#7(buying intention)和聚类#12(mobile context)存在较强的关联。

聚类#3(traditional marketing)：这一聚类的文献数量居中，共 27 篇文献，被引用的时间主要是在 2006—2008 年。这一聚类的文献主要研究顾客评论信息对企业产品销量的影响，代表性文献主要包括《Word of mouth for movies：Its dynamics and impact on box office revenue》和《The effect of word of mouth on sales：Online book reviews》等。此外，这一聚类与聚类#5(using online review)有着较强的关联。

聚类#6(review helpfulness)：这一聚类的文献数量居中，共 26 篇文献，被引用的时间主要是在 2009—2011 年，这一聚类从评论信息特征的视角，研究影响顾客评论感知有用性的因素，代表性文献主要包括《Information direction，website reputation and eWOM effect：A moderating role of product type》和《The impact of electronic word-of-mouth communication：A literature analysis and integrative model》等。此外，这一聚类文献的中心度较高，但与其他聚类连接较弱。

聚类#7(buying intention)：这一聚类的文献数量居中，共 25 篇文献，被引用的时间主要是在 2007—2011 年，这一聚类主要探究影响消费者感知评论有用性、感知可信度的因素，代表性文献主要包括《The influence of eWOM on virtual consumer communities：Social capital，consumer learning，and behavioral outcomes》和《Predicting the helpfulness of online consumer reviews》等。此外，这一聚类与聚类 # 2 (online reading behavior) 和聚类 # 10 (combined effect)存在较强的关联。

聚类#9(social media)：这一聚类的文献数量居中，共 24 篇文献，被引用的时间主要是在 2014—2016 年，这一聚类主要通过文本分析法研究评论文本信息蕴含的情感如何影响评论的有用性，代表性文献主要包括《Online product reviews：Implications for retailers and competing manufacturers》和《How do expressed emotions affect the helpfulness of a product review？Evidence from reviews using latent semantic analysis》等。此外，这一聚类与其他聚类得连接较弱，中心度也较低。

聚类#11(online reading behavior):这一聚类的文献数量居中,共 23 篇文献,被引用的时间主要是在 2008—2012 年。这一聚类的文献主要探究在线口碑和电影销售之间的相互影响关系,代表性文献主要包括《Do online reviews matter? —An empirical investigation of panel data》等。此外,这一聚类与聚类#13(online pyhsician review)和聚类#15(moderating role)存在较强的关联。

聚类#14(online customer communities):这一聚类的文献数量较少,共 19 篇文献,被引用的时间主要是在 2002—2004 年。这一聚类的文献主要研究在线顾客评论的内涵和特征,代表性文献主要包括《Electronic word-of-mouth via consumer-opinion platforms:What motivates consumers to articulate themselves on the internet》等。此外,这一聚类与其他聚类得连接较弱,中心度也较低。

结合上述聚类的研究内容,可以将平台市场中顾客评论的文献归类为三个方面:(1)聚类#2、聚类#4、聚类#7、聚类#9、聚类#12 和聚类#15 探讨顾客评论对消费者购买意愿的影响机制,以及相关的调节因素;(2)聚类#1、聚类#5、聚类#6、聚类#10、聚类#13 和聚类#16 研究影响顾客评论感知有用性、感知可信度的影响因素;(3)聚类#0、聚类#3 和聚类#11 探索顾客评论对产品销量的影响。

6.2.3　关键词共现

关键词是一篇文献核心观点的提炼,是对文献内容的高度概括,出现频次和中心度较高的关键词一般都是研究者共同关注的问题,能较好地代表某个领域的研究现状。平台市场中顾客评论领域关键词共现的知识图谱如图 6.7 所示,共有 355 个节点、636 条连线,图中各个节点的大小表示关键词出现频次的高低,而圆圈越大,说明相应的关键词出现的频次越高。

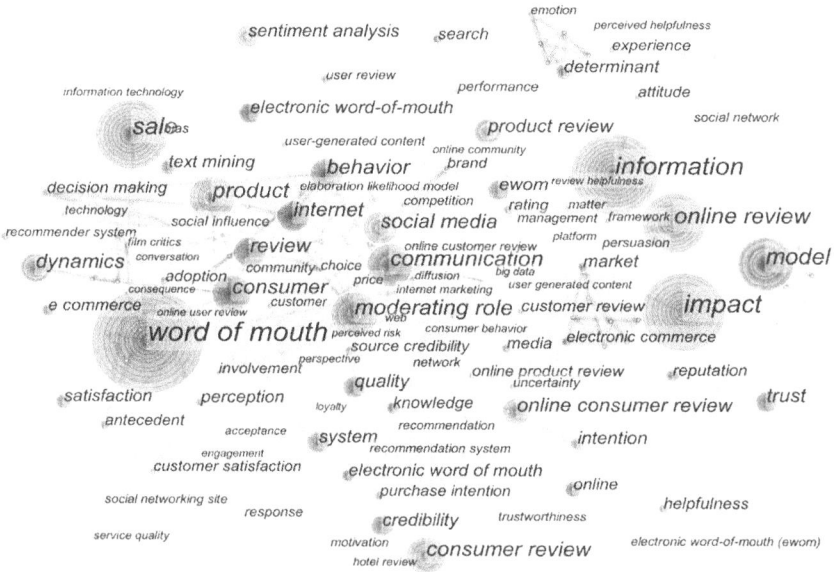

图 6.7　关键词共现的知识图谱

根据知识图谱中的数据汇总整理，得到如表 6.8 所示出现频次和中心度较高的关键词（根据出引频次排名前 30）：其中，出现频次最高的关键词是 word of mouth，其次是 impact，information，sale，model，online review，communication 和 sharing economy 等。结合图 6.7 和表 6.8 可以发现，平台市场中顾客评论的研究话题不断扩大，根据关键词的分析，可以将研究文献大体归纳为如下几类：第一类是具有 word of mouth，online review，consumer review，online consumer review 和 electronic word-of-mouth 等关键词的文献，探讨不同类型平台市场中顾客评论的内涵与特征，以及评论发布者和接收者的特征对评论传播的影响机制；第二类是具有 impact，sale，communication，behavior 和 intention 等关键词的文献，它们大多基于实证分析，从顾客和企业两个维度来研究顾客评论的影响和结果变量；第三类是具有 model，moderating role，sentiment analysis 和 text mining 等关键词的文献，这类文献试图构建新的研究模型、开发新的研究框架和技术，如文本情感分析法、文本挖掘法等。

关键词在共现网络中的中心度越大，表明该关键词与其他关键词共同出现的频次越高，则该关键词在共现网络中的影响力也就越大。由表 6.8 可知，关键词出现频次与中心度之间并不存在必然的正相关关系。中心度较高的关键词有 behavior, consumer, trust, communication, model 和 electronic word-of-mouth 等，这些关键词代表了顾客评论领域内的核心话题，且与其他话题之间存在较大的关联性。

表6.8　　关键词的出现频次和中心度（根据出现频次排名前30）

排序	频次	中心度	关键词	排序	频次	中心度	关键词
1	232	0.03	word of mouth	16	50	0.05	internet
2	157	0	impact	17	45	0.03	online consumer review
3	148	0.06	information	18	44	0.14	trust
4	123	0	sale	19	38	0.02	product review
5	93	0.07	model	20	34	0.03	quality
6	90	0	online review	21	33	0.02	credibility
7	68	0.12	communication	22	32	0.01	system
8	66	0.06	moderating role	23	32	0.03	e-wom
9	65	0.06	product	24	31	0.04	intention
10	60	0	consumer review	25	31	0.07	electronic word-of-mouth
11	58	0.18	consumer	26	30	0	sentiment analysis
12	56	0.25	behavior	27	26	0.13	determinant
13	52	0.02	review	28	26	0.03	electronic word of mouth
14	51	0.05	social media	29	25	0.03	satisfaction
15	50	0	dynamics	30	24	0	text mining

6.3 热点演变与研究趋势

6.3.1 时间轴线

本小节通过关键词共现分析顾客评论领域的研究热点，并以时区视图的方式来呈现关键词共现的知识图谱，从而揭示研究热点的演变规律，具体如图 6.8 所示，每个节点表示一个关键词，节点越大，表示出现的频次越高，节点所处的时区表示该关键词首次出现的时间，节点之间的连线表示两个关键词同时出现在同一篇文献中。由图 6.8 可知，比较重要的关键词按出现的时间顺序依次为 word of mouth, impact, consumer, sale, consumer review, online customer review, purchase intention, sentiment analysis 和 sharing economy 等。

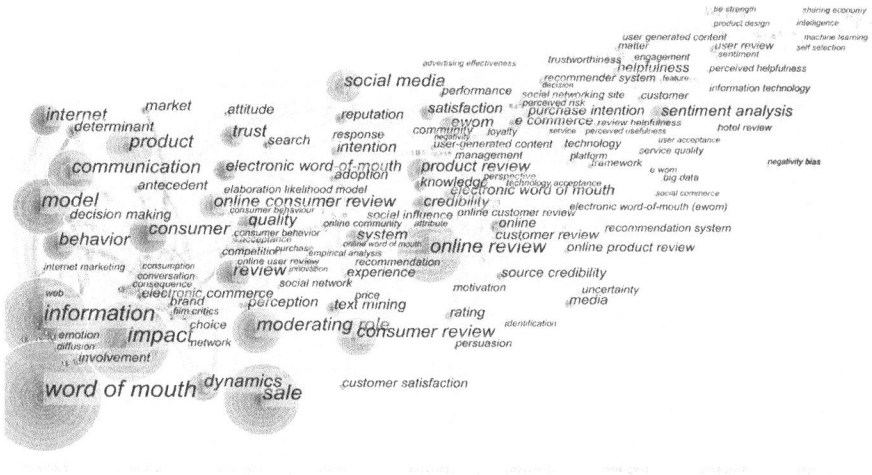

图 6.8 关键词共现的知识图谱(时区视图)

根据知识图谱中的数据汇总整理，得到如表 6.9 所示的各年份的高频关键词，关键词所对应的年份是其首次出现的时间，从表中可以看出，在 2004—2011 年这一段时期之内，出现了两类关键词，一类是以 online consumer review、electronic word-of-mouth、online user review 和 online word of mouth 等为代表的关键词；另一类是以 impact、consumption、consumer behavior、demand 和 empirical analysis 等为代表的关键词，这一时期的研究成果为平台市场中顾客评论的后续研究奠定了坚实的理论基础。2012 年开始，社交电商平台的快速发展极大推动了顾客评论领域的相关研究，此后出现的热门关键词包含：2012 年的 user-generated content 和 opinion mining 等；2013 年的 source credibility 和 informational influence 等；2014 年的 purchase intention、recommender system 和 social networking site 等；2015 年的 uncertainty 和 platform 等；2016 年的 sentiment analysis、big data 和 social commerce 等；2017 年的 consumer trust、social distance 和 message 等；2018 年的 perceived helpfulness 和 data mining 等；2019 年的 machine learning、review valence 和 sentiment analysis 等，近两年，又涌现出一些新的关键词，如 sharing economy、review valence、neural network、econometric analysis 和 game theory 等。

表 6.9　　　　　　　　　各年份的高频关键词

年份	关　键　词
2004	word of mouth、behavior、internet、decision making
2005	emotion、internet marketing、diffusion、web、attribution、involvement、design、industry
2006	impact、antecedent、electronic commerce、differentiation
2007	dynamics、brand、choice、network、film critics、information system、demand
2008	online consumer review、trust、elaboration likelihood model、consumer behavior、acceptance
2009	online user review、consumer behavior attention、information search、social network

年份	关　键　词
2010	consumer review, social media, text mining, online community, empirical analysis
2011	online word of mouth, social influence, viral marketing, participation
2012	credibility, user-generated content, persuasion, management, opinion mining
2013	source credibility, technology acceptance, informational influence, tam
2014	purchase intention, social networking site, perceived risk, product type, social presence
2015	uncertainty, platform, perceived usefulness, consumer decision making
2016	sentiment analysis, big data, social commerce, perceived credibility, virtual community
2017	consumer trust, social distance, message, user review
2018	word of mouth, behavior, internet, decision making,
2019	emotion, internet marketing, diffusion, web, attribution, involvement, design, industry
2020	impact, antecedent, electronic commerce, differentiation
2021	dynamics, brand, choice, network, film critics, information system, demand

通过对关键词的聚类分析来探讨顾客评论领域的研究热点演变，并以时区视图的方式来呈现知识图谱，具体如图 6.9 所示，关键词的聚类分析将研究文献的关键词划分为 9 大类，从#0 到#8 分别为：profit incentive, knowledgeable online recommendation, facebook relationship status update, consumer judgement, sponsorship disclosure, behavioral intention, movie industry 和 social networking site。聚类#0 中关键词的发展路径是：扩散、互动、口碑、管理绩效、框架到共同创造等，这一聚类主要从顾客评论的内涵、特征、影响机理和传播机制等方面进行研究。聚类#2 中关键词的发展路径是：互联网、电子商务、在线评论、用户接收到文本分析等，这一聚类主要阐述电子商务情境中顾客评论的产生因素。聚类#4 中关键词的发展

路径是：感知、知识、感知有用性、决定到平台，这一聚类主要探究影响顾客评论感知有用性的因素。聚类#8 中关键词的发展路径是：在线口碑、技术接收模型、说服再到社交等，这一聚类主要研究顾客评论的影响机制与结果变量。此外，聚类#6 和聚类#7 的研究持续性较差，不是持续的研究热点；聚类#1、聚类#3 和聚类#5 的研究均持续到 2021 年，能够反映顾客评论领域的前沿话题和研究趋势。

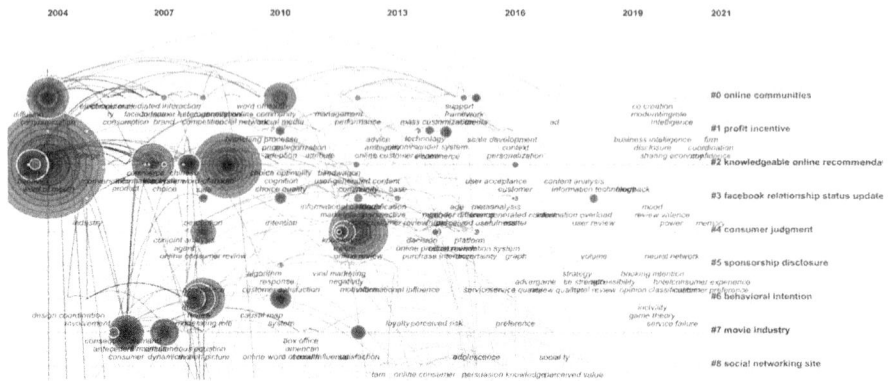

图 6.9　关键词的聚类分析(时区视图)

6.3.2　突现分析

突现文献具有较高的研究价值，能够反映某个领域研究热点的演变，本小节采用 Citespace 提供的突现检测算法，得到如表 6.10 所示的突现文献，表中标识了突现的强度，突现的起止年份，有助于观察研究热点的演进脉络。突现文献的研究主题可以划分为以下几个方面：(1)研究平台市场中顾客评论对产品销量的影响，分析了顾客评论不同的信息特征对产品销量的影响；(2)探讨影响顾客评论感知有用性的因素，如评论发布者的身份、评论信息的质量与数量、评论的效价和深度等；(3)研究评论发布者在平台上发布评论信息的内在动机，以及揭示影响顾客在平台市场中传播评论信息的因素。

表 6.10　　　　　　　　突现文献（根据开始年份排名前 **20**）

序号	第一作者	文献标题	突现强度	开始年	结束年
1	Godes	Using online conversations to study word-of-mouth communication	7.75	2006	2008
2	Chevalier	The effect of word of mouth on sales：Online book reviews	15.38	2008	2011
3	Liu	Word of mouth for movies：Its dynamics and impact on box office revenue	8.84	2008	2011
4	Dellarocas	Exploring the value of online product reviews in forecasting sales：The case of motion pictures	7.11	2008	2012
5	Hennig	Electronic word-of-mouth via consumer-opinion platforms：What motivates consumers to articulate themselves on the internet?	5.87	2008	2009
6	Clemons	When online reviews meet hyper differentiation：A study of the craft beer industry	5.59	2008	2010
7	Duan	Do online reviews matter? — An empirical investigation of panel data	9.98	2010	2013
8	Forman	Examining the relationship between reviews and sales：The role of reviewer identity disclosure in electronic markets	7.87	2010	2013
9	Li	Self-selection and information Role of online product reviews	7.34	2010	2013
10	Duan	The dynamics of online word-of-mouth and product sales—An empirical investigation of the movie industry	6.67	2011	2013
11	Hu	Do online reviews affect product sales? The role of reviewer characteristics and temporal effects	6.12	2011	2013

续表

序号	第一作者	文献标题	突现强度	开始年	结束年
13	Zhu	Impact of online consumer reviews on sales: The moderating role of product and consumer characteristics	11.92	2012	2015
14	Park	Information direction, website reputation and eWOM effect: A moderating role of product type	6.86	2012	2014
15	Cheung	Credibility of electronic word-of-mouth: Informational and normative determinants of online consumer recommendations	6.33	2012	2014
16	Moe	The value of social dynamics in online product ratings forums	5.46	2012	2016
17	Mudambi	What makes a helpful online review? A study of customer reviews on Amazon.com	11.69	2013	2015
18	Cheung	The impact of electronic word-of-mouth communication: A literature analysis and integrative model	6.59	2014	2017
19	Chu	Determinants of consumer engagement in electronic word-of-mouth (eWOM) in social networking sites	6.11	2015	2016
20	Sun	How does the variance of product ratings matter?	5.09	2015	2016

除了文献突现以外，还可以运用关键词突现来跟踪研究热点的演变，利用 Citespace 探测短时间内出现频次迅速增加的关键词，这可以在很大程度上体现学者们研究热点的变化。表 6.11 列出了出现频次激增的关键词，表中标识突现的强度，突现的起止年份，有助于观察研究热点的演进脉络。由表 6.11 可知，大部分关键词突现已经结束，如"互联网营销""电子商务""电子口碑""消费者行为"和"在线社区"等，这些关键词都曾是当时

的研究热点，还有一部分关键词突现尚未结束，如"文本情感分析法""循
环经济""商业智能""神经网络"和"大数据"等，这些关键词将成为现在以
及未来一段时间的研究热点。

表 6.11   突现关键词表

排序	关键词	突现强度	开始年份	结束年份
1	model	5.50	2004	2013
2	diffusion	4.62	2004	2011
3	internet marketing	3.87	2004	2013
4	involvement	3.77	2004	2015
5	behavior	3.07	2004	2011
6	consumer	3.83	2006	2013
7	market	2.91	2006	2011
8	firm critics	2.9	2006	2015
9	conversation	2.74	2006	2011
10	electronic commerce	2.48	2006	2009
11	internet	7.75	2008	2015
12	electronic word-of-mouth	3.11	2008	2015
13	consumer behavior	3.08	2008	2013
14	motion picture	2.52	2008	2011
15	response	3.06	2010	2013
16	online community	2.37	2010	2011
17	electronic word of mouth	2.66	2012	2017
18	platform	3.46	2014	2017
19	determinant	2.37	2014	2017
20	media	2.68	2016	2017

6.3.3 趋势预测

本小节采用战略图的方式来绘制顾客评论领域关键词的分布，从而进行研究趋势的预测，具体如图 6.10 所示，以关键词的出现频次作为 X 轴、以关键词的中心度作为 Y 轴，原点代表频次和中心度的中值，分析可知：

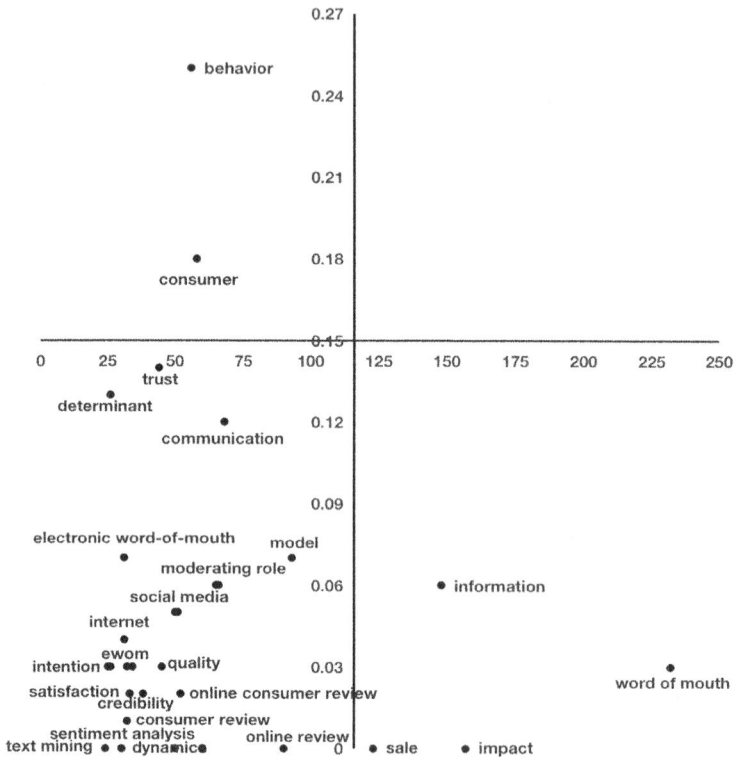

图 6.10 顾客评论领域的关键词分布

1. 第一象限：主流话题

第一象限的关键词具有较高的频次与中心度的特点，代表了当前研究

176

的主流话题，并且与其他话题的关联度较高。根据图 6.10 发现，平台市场中的顾客评论领域并没有出现第一象限的关键词，这说明顾客评论领域虽然取得了一定的研究成果，但是目前还没有形成主流的研究话题。

2. 第二象限：高潜热点

第二象限的关键词具有低频次与高中心度的特点，代表了具有较高潜力的热点话题，根据图 6.10 发现，平台市场中的顾客评论领域中的顾客和行为等关键词属于第二象限，这些将是未来一段时间来的热点话题。

3. 第三象限：孤岛话题

第三象限的关键词既不具备高频次，也不具有高中心度，代表了研究的孤岛话题，根据图 6.10 发现，平台市场中的顾客评论领域的孤岛话题较多，这一方面说明相关研究还相对割裂，另一方面也说明这些关键词出现的时间还比较短，未来可能成为新兴的研究热点，比如"本情感分析""社交媒体"和"文本挖掘法"等。

4. 第四象限：边缘话题

第四象限的关键词具有高频次与低中心度的特征，代表了研究的边缘话题，比如"口碑""信息""销量"和"影响"等，这些关键词反映的研究话题与其他话题的关联度不高，是相对独立的研究话题。

参考文献

[1] Mudambi S M, Schuff D. Research note：What makes a helpful online review? A study of customer reviews on Amazon. com[J]. MIS Quarterly,

2010, 34(1): 185-200.

[2] Zhu F, Zhang X. Impact of online consumer reviews on sales: The moderating role of product and consumer characteristics[J]. Journal of Marketing, 2010, 74(2): 133-148.

[3] Chevalier J A, Mayzlin D. The effect of word of mouth on sales: Online book reviews[J]. Journal of Marketing Research, 2006, 43(3): 345-354.

[4] Duan W, Gu B, Whinston A B. Do online reviews matter? An empirical investigation of panel data[J]. Decision Support Systems, 2008, 45(4): 1007-1016.

[5] Babic A, Sotgiu F, Valck K D, Bijmolt T H A. The effect of electronic word of mouth on sales: A meta-analytic review of platform, product, and metric factors[J]. Journal of Marketing Research, 2016, 53(3): 297-318.

[6] Liu Y. Word of mouth for movies: Its dynamics and impact on box office revenue[J]. Journal of marketing, 2006, 70(3): 74-89.

[7] Moe W W, Trusov M. The value of social dynamics in online product ratings forums[J]. Journal of Marketing Research, 2011, 48(3): 444-456.

[8] Salehan M, Kim D J. Predicting the performance of online consumer reviews: A sentiment mining approach to big data analytics[J]. Decision Support Systems, 2016, 81: 30-40.

[9] Hong H, Xu D, Wang G A, Fan W. Understanding the determinants of online review helpfulness: A meta-analytic investigation[J]. Decision Support Systems, 2017, 102: 1-11.

[10] Hu N, Pavlou P A, Zhang J J. On self-selection biases in online product reviews[J]. MIS Quarterly, 2017, 41(2): 449-471.

[11] Park C, Lee T M. Information direction, website reputation and eWOM effect: A moderating role of product type[J]. Journal of Business Research, 2009, 62(1): 61-67.

[12] Cheung C M K, Thadani D R. The impact of electronic word-of-mouth

communication: A literature analysis and integrative model[J]. Decision Support Systems, 2012, 54(1): 461-470.

[13] Hung K H, Li S Y. The influence of eWOM on virtual consumer communities: Social capital, consumer learning, and behavioral outcomes [J]. Journal of Advertising Research, 2007, 47(4): 485-495.

[14] Singh J P, Irani S, Rana N P, et al. Predicting the "helpfulness" of online consumer reviews[J]. Journal of Business Research, 2017, 70: 346-355.

[15] Kwark Y, Chen J, Raghunathan S. Online product reviews: Implications for retailers and competing manufacturers[J]. Information Systems Research, 2014, 25(1): 93-110.

[16] Ahmad S N, Laroche M. How do expressed emotions affect the helpfulness of a product review? Evidence from reviews using latent semantic analysis [J]. International Journal of Electronic Commerce, 2015, 20(1): 76-111.

[17] Hennig-Thurau T, Gwinner K P, Walsh G, et al. Electronic word-of-mouth via consumer-opinion platforms: What motivates consumers to articulate themselves on the internet? [J]. Journal of Interactive Marketing, 2004, 18(1): 38-52.

第7章 平台市场中的顾客风险

7.1 行为简介与文献检索

7.1.1 行为简介

平台市场中卖家与顾客的时空分离特点在很大程度上导致了顾客风险，现有研究普遍认为，顾客风险指的是顾客对交易结果可能出现负面情况的信念（Kim，2008）。由此可见，不同于经济金融和决策科学中探讨的客观风险，顾客风险是一种主观风险。具体而言，顾客风险是顾客对于客观风险的主观感知（Conchar 等，2004），因此，顾客风险也被称作顾客感知风险（Chen，2010；Connell 等，2004；Pueschel 等，2017）。综上可知，顾客感知风险的产生主要基于两个前提条件：（1）顾客对于交易结果存在一定的不确定性感知；（2）交易结果很有可能会导致一定程度的损失。

显而易见，顾客风险会降低顾客在平台市场中的购买意愿（Forsythe & Shi，2003），顾客风险已经成为平台市场持续发展的主要障碍之一。因此，大量研究致力于探索导致顾客风险的前因变量，研究视角主要有如下几个方面：（1）顾客个体相关的前因变量，例如性别（Garbarino，2004）和网购经验（Miyazaki，2001）等；（2）与卖方和产品相关的前因变量，例如卖家品牌（Simonian，2012）和产品描述（Forsythe，2003）等；（3）与交易环境相关的前因变量，例如隐私保护政策（Kim，2008；Li，2018）和网站质量（Hsieh，2014）等。

综上，平台市场的飞速发展推动了感知风险的学术研究，众多学者从不同的视角考察了平台市场中顾客风险的维度、前因和结果等。但系统性、全方位的回顾过往顾客风险研究的文献还相对欠缺。本章从国家与机构、期刊与作者、基础文献以及共现与聚类进行研究现状的梳理，并从时间轴线、突现分析以及趋势预测进行热点演变与研究趋势的分析，从而为平台市场中的相关企业提供实践借鉴，也为顾客风险的后续研究提供一定的方向和建议。

7.1.2　文献检索

本章以 Web of Science 数据库的核心期刊集为数据来源，对平台市场中顾客风险的相关研究进行检索。为了避免检索中误检和漏检的情况，在参考经典文献和咨询相关专家的前提下，针对研究主题设计了合理的逻辑关系检索式，从而确保检索结果能够尽量全面覆盖该领域的代表性结果，检索设计和检索结果如表 7.1 所示。根据平台市场中顾客风险的提出时间和文献检索的初步结果，检索的时间范围最终设定为 2004—2021 年。此外，由于本书重点关注管理学领域的相关研究，结合顾客风险的研究特点，分别从管理学的四个细分领域进行了文献收集与检索：信息管理（Information Management）、市场营销（Marketing）、运营管理（Operations Management）和一般管理（General Management）。① 进一步，针对每个细分

---

① 运营管理包括 OPS & TECH 和 OR & MAN SCI；一般管理包括 ETHICS-CSR-MAN、HRM & EMP、IB & AREA、ORG STUD 和 STRAT。

领域,选定 ABS 三星及以上的期刊(共计 173 本期刊,具体期刊目录详见附录),① 并进行期刊内的关键词检索(关键词详见附录),根据以上检索规则,共检索到 1592 篇顾客风险的相关文献。

表7.1 检索设计与检索结果

数据库	Web of Science 数据库核心期刊集
检索方式	期刊内关键词检索
文献类型	article/review/proceeding-paper
时间跨度	2004—2021 年
检索时间	2022 年 5 月
文献数量(篇)	1592

将文献数据导入 Citespace 之前,对检索到的 1592 篇文献进行再次筛选和分析,结果显示并没有重复文献,因此,最终获得 1592 篇有效文献。图 7.1 显示了发文数量的年度分布情况,整体而言,顾客风险领域的发文数量呈现逐年递增且指数增长趋势($y = 31.561 \, \mathrm{e}^{0.0958x}$, $R^2 = 0.9422$),可划分为两个阶段:2010 年以前,年均发文量少于 65 篇且增长比较缓慢,说明此时的顾客风险领域还没有得到学术界的广泛关注;从 2011 年开始,随着电子商务的快速发展,顾客风险的相关研究吸引了众多学者的关注,成为一个热点话题,年均发文量也得到迅速攀升,尤其是自 2015 年以来,随着电商平台的兴起,顾客风险的相关研究稳定增长,并在 2021 年达到最高峰(261 篇),这也说明平台市场中顾客风险已经成为研究的热点话题。

---

① 由于信息管理领域与平台市场关系更加紧密,因此,信息管理领域选择 ABS 两星及以上期刊。

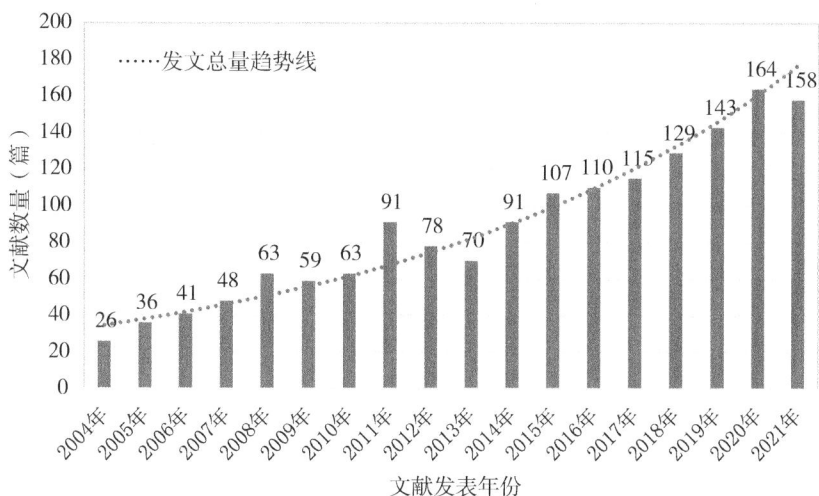

图 7.1 平台市场中顾客风险发文量的年度分布(2004—2021 年)

7.2 研究现状

7.2.1 文献分布

本小节从国家/地区、研究机构、作者和期刊四个方面对顾客风险的文献分布进行统计分析。Citespace 可以将各个国家/地区与研究机构的发文数量、合作情况和中心度通过"年轮"的形式展示出来,其中,年轮的大小代表发文数量的多少,而年轮中最外围圆圈的宽度则代表中心度的高低,最外围圆圈的宽度越大则表示中心度取值越高。图 7.2 以国家/地区和研究机构同时作为网络节点而制作的知识图谱,其中有节点 493 个、连线547 条。

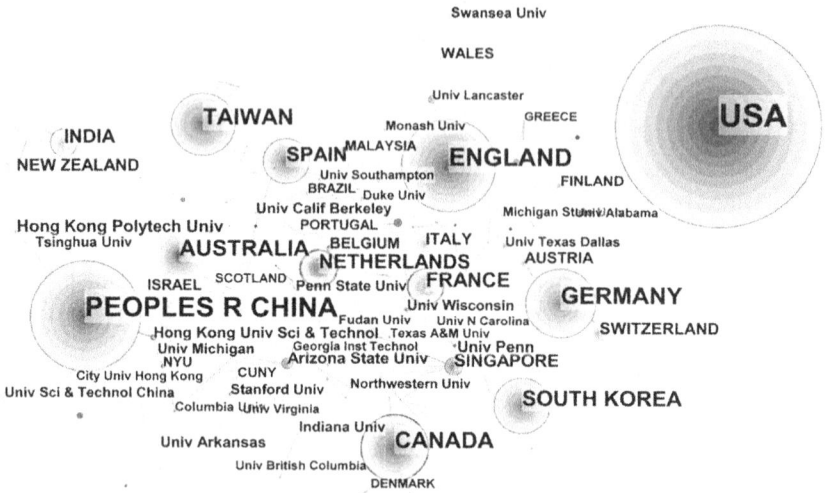

图 7.2　国家/地区与研究机构的知识图谱

　　根据知识图谱中的数据进行汇总整理，可以得到国家/地区与研究机构的发文量和中心度排名，具体如表 7.2 所示。

表 7.2　国家/地区与研究机构的发文量和中心度排名(依据发文量排名前 15)

排名	发文量	中心度	国家/地区	发文量	中心度	研究机构
1	800	0.12	美国	27	0.07	香港理工大学
2	272	0.15	中国	22	0.08	宾夕法尼亚大学
3	156	0.19	英国	21	0.16	亚利桑那州立大学
4	115	0.14	德国	19	0.04	阿肯萨斯大学
5	104	0.25	加拿大	19	0.25	香港科技大学
6	89	0.08	澳大利亚	17	0.06	加州大学伯克利分校
7	75	0.12	韩国	16	0.17	宾夕法尼亚州立大学
8	60	0.36	法国	16	0.08	印第安纳大学
9	56	0.1	西班牙	16	0.09	威斯康星大学
10	53	0.55	荷兰	15	0.03	斯旺西大学

排名	发文量	中心度	国家/地区	发文量	中心度	研究机构
11	42	0.12	印度	15	0.02	密歇根大学
12	33	0.14	新加坡	15	0.05	斯坦福大学
13	27	0.05	新西兰	15	0.01	电子科技大学
14	24	0.07	意大利	15	0.01	清华大学
15	23	0.03	瑞士	13	0.20	美国西北大学

结合图 7.2 和表 7.2 可知，美国的发文量最多（800 篇），其次是中国（272 篇）、英国（156 篇）、德国（115 篇）、加拿大（104 篇）、澳大利亚（89 篇）和韩国（75 篇）。美国的研究机构以高校为主，如宾夕法尼亚大学（22 篇）、亚利桑那州立大学（21 篇）、阿肯萨斯大学（19 篇）、哥伦比亚大学（19 篇）、宾夕法尼亚州立大学（16 篇）、威斯康星大学（16 篇）、密歇根大学（15 篇）和斯坦福大学（15 篇）等。从发文影响力来看，荷兰的节点中心度最大（0.55），其次是法国（0.36）、加拿大（0.25）、英国（0.19）、中国（0.15）和德国（0.14）等，而在研究机构中，哥伦比亚大学（0.25）和美国西北大学（0.20）的节点中心度较为突出。同时，通过知识图谱可知，平台市场中的顾客风险领域已经形成了几个核心学术群体，如"印度-新西兰""新加坡-韩国-加拿大""西班牙-中国台湾"和"德国-瑞士"等，这些核心学术群体之间形成了较为密切的合作网络。

就我国而言，目前在顾客风险领域已经形成了一定的国际影响力。首先，从发文数量上来看，位居第二，发文数量较多（272 篇）；其次，从发文影响力来看，我国处于网络中心区域，①且连线较多，依托于高校与荷兰和澳大利亚等国家均保持着密切的联系；最后，在科研机构上来看，主要集中在香港理工大学（27 篇）、香港科技大学（17 篇）、电子科技大学（15

---

① 由于篇幅有限，图 7.3 只显示了部分结果，而我国在完整版的国家/地区与研究机构的知识图谱中处于网络的中心地位。

篇)和清华大学(15 篇)等。因此,虽然我国在顾客风险领域取得了一定进展,但还应该加强与核心学术群体之间的合作,进一步提升我国在该领域的学术影响力。

通过对文献作者的分析,可以识别一个研究领域的核心作者及其之间的合作强度和互引关系。因此,利用 Citespace 进行作者共现聚类分析,并得到如图 7.3 所示的知识图谱,作者名字的大小节表示作者发文量的高低,节点间的连线代表作者存在合作的关系,连线粗细表示作者合作的强弱程度,其中,共有 519 个节点、277 条连线。

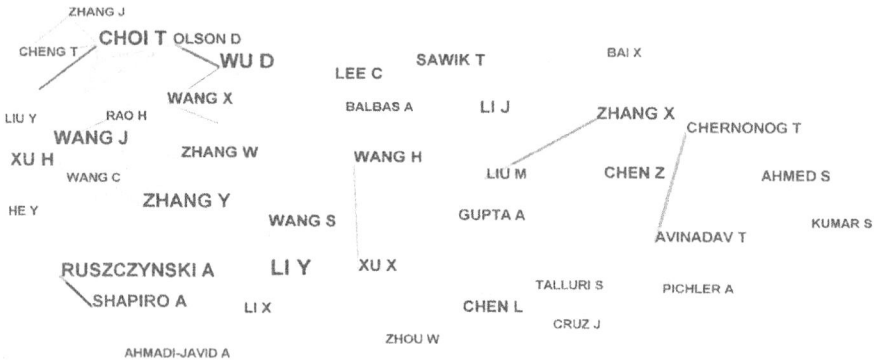

图 7.3　作者共现的知识图谱

根据知识图谱中的数据进行汇总整理,可以得到文献作者的发文量排名,如表 7.3 所示。

表 7.3　　　　　　　　　作者的发文量排名(前 20)

排序	发文量	作者	发文机构
1	12	Y. Dwivedi	斯旺西大学(英国)
2	11	Y. Wang	香港理工大学(中国)
3	11	J. Zhang	北京交通大学(中国)
4	11	L. Thomas	南安普顿大学(英国)

续表

排序	发文量	作者	发文机构
5	10	Y. Zhang	北京大学(中国)
6	9	N. Rana	斯旺西大学(英国)
7	9	Y. Chen	哈尔滨工业大学(中国)
8	7	X. Xu	加利福尼亚州立大学(美国)
9	6	S. Yang	浙江财经大学(中国)
10	6	H. Li	新墨西哥大学(墨西哥)
11	6	J. Lee	霍普学院(美国)
12	5	S. Burton	阿肯色大学(美国)
13	5	Y. Liu	密歇根大学(美国)
14	5	J. Cruz	巴塞罗那自治大学(西班牙)
15	5	J. Chen	南开大学(中国)
16	5	J. Mou	釜山国立大学(韩国)
17	5	Y. Li	清华大学(中国)
18	5	T. Choi	亚利桑那州立大学(美国)
19	5	D. Kim	休斯敦大学(美国)
20	5	C. Wu	特拉华大学(美国)

结合图7.3和表7.3可知，发文数量较多的作者主要来自中国、英国和美国等。从作者的合作网络来看，顾客风险领域的研究整体呈现"小集中、大分散"的特征，作者的合作网络大体上可以分为两类：一类是来自同一研究机构的合作关系，如英国斯旺西大学的Y. Dwivedi和N. Rana组成的合作团队；另一类是来自不同研究机构的合作关系，如新墨西哥大学的H. Li和香港理工大学的Y. Wang与北京交通大学的J. Zhang，中国浙江财经大学的S. Yang和英国东英吉利大学的Y. Chen；美国休斯敦大学的D. Kim和英国哥伦比亚大学的I. Benbasat。核心作者群体关注的问题包含：平台市场中感知风险的前因、平台市场中感知风险的调节效应和平台市场中感知风险的应对策略等。

　　表 7.4 统计了发文数量排名前 10 的期刊，从中可以看出对顾客风险领域发文数量较多的期刊主要分布在一般管理领域，如 *Journal of Business Research* 和 *Journal of Consumer Research* 等期刊，说明顾客风险得到了该领域的广泛关注。此外，运营管理领域相关期刊的发文数量也较多，如 *European Journal of Operational Research* 和 *Management Science* 等期刊。信息管理领域中的期刊 *Computers In Human Behavior* 对顾客风险的发文数量也较多。

表 7.4　　　　　　　　　　　期刊发文数量的排名（前 10）

排序	期刊名称	篇数	细分领域
1	*Journal of Business Research*	117	General Management
2	*Computers in Human Behavior*	75	Information Management
3	*Psychology Marketing*	64	Marketing
4	*Journal of Consumer Research*	56	General Management
5	*European Journal of Marketing*	55	Marketing
6	*European Journal of Operational Research*	54	Operations Management
7	*Journal of Marketing Research*	51	Marketing
8	*Journal of Business Ethics*	47	General Management
9	*Management Science*	47	Operations Management
10	*Electronic Commerce Research and Applications*	41	Information Management

　　考察一个期刊在某个领域的影响力，不仅需要关注该期刊在这个领域的发文数量，而且还需要分析该期刊在这个领域的被引频次。因此，利用 Citespace 对检索到的全部文献进行期刊被引的知识图谱分析，具体如图 7.4 所示。

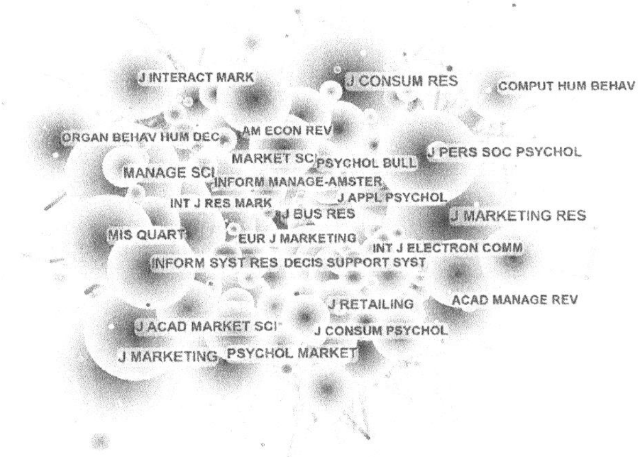

图 7.4　期刊被引的知识图谱

　　根据知识图谱中的数据进行汇总整理，可以得到期刊被引频次的排名，如表 7.5 所示。其中，被引频次最高的是来自市场营销领域的期刊 *Journal of Marketing Research*。同时，被引频次排名靠前的其他期刊以市场营销领域为主，如 *Journal of Marketing*，*Journal of Consumer Research* 和 *Journal of Academy Marketing Science* 等期刊。此外，运营管理领域的期刊 *Management Science*，一般管理领域的期刊 *Journal of Business Research*，信息管理领域的 *MIS Quarterly* 的被引频次也较高。

表 7.5　　　　　　　　　期刊被引频次的排名 (前 10)

排序	期刊名称	被引频率	细分领域
1	*Journal of Marketing Research*	962	Marketing
2	*Journal of Marketing*	842	Marketing
3	*Journal of Consumer Research*	838	Marketing
4	*Management Science*	737	Operations Management
5	*Journal of Business Research*	636	General Management

排序	期刊名称	被引频率	细分领域
6	*Journal of Academy Marketing Science*	536	Marketing
7	*Journal of Retailing*	488	Marketing
8	*Marketing Science*	476	Marketing
9	*MIS Quarterly*	470	Information Management
10	*Information Systems Research*	436	Information Management

7.2.2　文献梳理

本小节从基础文献和文献聚类两个方面梳理顾客风险的相关文献，基础文献是指被学者广泛认可和引用的文献，它们能够反映某个领域的基础知识。本小节对顾客风险领域的相关文献进行关键节点分析，从而识别该领域的基础文献及其核心学者，得到了如图 7.5 所示的文献共被引知识图谱，共有 876 个节点、2959 条连线。

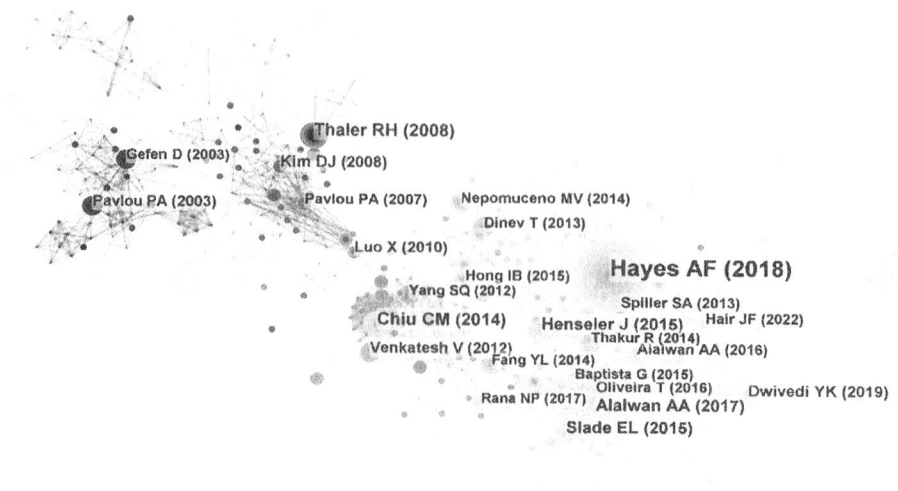

图 7.5　文献共被引的知识图谱(作者)

根据知识图谱中的数据汇总整理，得到如表 7.6 所示被引频次和中心度较高的基础文献(根据被引频次排名前 10)。

表 7.6 被引频次和中心度较高的基础文献(根据被引频次排名前 10)

序号	被引频次	中心度	发表时间	第一作者（姓）	论文名称
1	61	0.08	2018	Hayes	Introduction to mediation, moderation, and conditional process analysis
2	20	0.05	2008	Thaler	Mental accounting and consumer choice
3	20	0.15	2014	Chiu	Understanding customers' repeat purchase intentions in B2C e-commerce：The roles of utilitarian value, hedonic value and perceived risk
4	17	0.02	2015	Slade	Modeling consumers' adoption intentions of remote mobile payments in the United Kingdom：Extending UTAUT with innovativeness, risk, and trust
5	17	0.01	2015	Henseler	A new criterion for assessing discriminant validity in variance-based structural equation modeling
6	17	0.01	2017	Alalwan	Factors influencing adoption of mobile banking by Jordanian bank customers：Extending UTAUT2 with trust
7	15	0.07	2008	Kim	A trust-based consumer decision-making model in electronic commerce：The role of trust, perceived risk, and their antecedents
8	14	0.03	2019	Dwivedi	Re-examining the unified theory of acceptance and use of technology（UTAUT）：Towards a revised theoretical model
9	13	0.07	2012	Venkatesh	Consumer acceptance and use of information technology extending the unified theory of acceptance and use of technology
10	13	0.31	2010	Luo	Examining multi-dimensional trust and multi-faceted risk in initial acceptance of emerging technologies：An empirical study of mobile banking services

根据图 7.5 和表 7.6 的分析可得，2014—2018 年是顾客风险的相关研究取得关键性发展的 3 年，这一时期的研究结果成为该领域的主要基础文献。10 篇基础文献中被引频次和中心度都较高的文献是 Chiu 于 2014 年发表的《Understanding customers' repeat purchase intentions in B2C e-commerce：The roles of utilitarian value, hedonic value and perceived risk》。作者基于线上交易平台兴起的背景，研究了顾客重复交易意愿的动机因素，发现顾客风险则对重复购买意愿产生负面影响，这一研究表明有效缓解顾客在平台交易中的感知风险是促进平台市场中繁荣发展的有效方式之一。此外，在这 10 篇基础文献中，Slade(2015)、Alalwan(2017)、Venkatesh(2012) 和 Dwivedi(2019) 主要针对顾客风险领域相关理论进行了详尽的梳理，而 Hayes(2018) 和 Henseler(2015) 则主要阐述了顾客风险领域的研究方法。其他基础文献主要是对顾客感知风险的研究情景、前因和结果变量进行研究，如 Thaler(2008) 和 Kim(2008) 等。

通过 Citespace 对检索到的 1592 篇文献进行聚类分析，得到 15 个较大规模的聚类，且同一聚类下的文献呈现较强的关联度。其中，共有 876 个节点、2959 条连线，具体如图 7.6 所示。聚类分析中提取出来的系统质

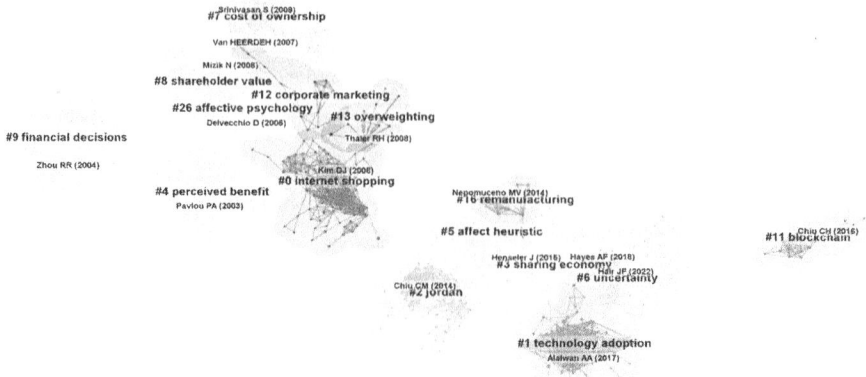

图 7.6　文献共被引的知识图谱(聚类分析)①

①　在本小节的聚类分析中如果某个聚类的文献篇数少于一定的数量，则在知识图谱中就没有展示，这是聚类编号不连续的原因。

量、金钱交易、虚拟社交网络、电子钱包服务、成本结构和共享经济等充分揭示了平台市场中顾客风险的研究现状。此外，图7.6表明顾客评论风险的相关研究已经发展出一定的细分领域，且呈现出集中性较强和重叠度较高的特点。

根据知识图谱中的数据汇总整理，得到如表7.7所示的文献聚类的具体信息和研究内容。

表7.7　　　　　　　文献聚类的具体信息和研究内容

聚类编号	文献数量	聚类名称	研究内容
0	100	monetary transaction	平台市场中顾客风险的产生机理
1	87	mobile wallet service	移动支付情景下的顾客风险问题
2	82	virtual social network	社交网络中的顾客风险与行为
3	64	system quality	平台市场中的网站质量与顾客风险
4	58	downward line extension	跨境电商中顾客的感知风险
5	57	sharing economy	共享经济与顾客风险
6	52	only thing	顾客感知隐私风险的前因
7	29	firm equity value	企业资本估值与顾客风险
8	23	market capitalization	平台市场中的资金运作与顾客风险
9	23	distant appeal	顾客距离与感知风险
11	19	supply chain	供应链与顾客风险
12	14	corporate social responsibility	平台企业社会责任与顾客风险
13	13	cost structure	顾客风险与损失厌恶
14	11	remanufactured product	线上与线下交易渠道中顾客风险的差异
26	5	consequence	顾客风险及其结果变量

聚类#0(monetary transaction)、聚类#3(system quality)、聚类#6(only

thing)和聚类#9(distant appeal)：前三个聚类中的文献分别探讨了平台市场中顾客风险的产生机理、网站质量与顾客风险和隐私风险，大多数文献首次被引用的时间分别为 2007 年，2003 年和 2013 年左右。其中，聚类#0 的经典文献是《A trust-based consumer decision-making model in electronic commerce：The role of trust, perceived risk, and their antecedents》等，聚类#3 的经典文献是《Perceived risk and trust associated with purchasing at electronic marketplaces》等，而聚类#6 的经典文献是《Privacy concerns for mobile app download：An elaboration likelihood model perspective》等。聚类#9 中的文献主要研究顾客距离及其感知风险，大多数文献首次被引用时间在 2004 年前后，经典文献是《Consumer trust, perceived security and privacy policy：Three basic elements of loyalty to a web site》等。

聚类#1(mobile wallet service)、聚类#2(virtual social network)、聚类#5(sharing economy)、聚类 # 8 (market capitalization)和聚类 # 13 (Cost structure)：聚类#1 和聚类#2 中的文献采用了技术接受模型来探讨移动支付和社交网络情境中的顾客感知风险，大多数文献分别在 2016 年和 2011 年前后首次被引用。其中，聚类#1 的经典文献是《A research agenda for trust in online environments》，而聚类#2 的经典文献是《Antecedents of the adoption of the new mobile payment systems：The moderating effect of age》。此外，聚类#5、聚类#8 和聚类#13 均尝试利用实验设计的方法探讨平台市场中顾客风险的相关行为，大多数文献分别在 2015 年、2006 年和 2002 年前后首次被引用。

聚类#4(monetary transaction)、聚类#7(firm equity value)、聚类#11(supply chain)和聚类#12(corporate social responsibility)：聚类#4 中的文献主要讨论了跨境电商中的顾客感知风险，大多数文献在 2014 年前后被引用，这一聚类中的经典文献是《International buyers' repurchase intentions in a Chinese cross-border e-commerce platform：A valence framework perspective》。聚类#7 中的文献主要讨论社交网络中的顾客风险与行为，大多数文献在 2009 年前后首次被引用。聚类#11 中的文献主要从供应链的视角出发，探

讨顾客风险的相关问题，大多数文献在 2016 年前后被首次引用，这一聚类的经典文献是《Optimal pricing in on-demand-service-platform-operations with hired agents and risk-sensitive customers in the blockchain Era》。聚类#12 中的文献主要讨论平台企业社会责任与顾客风险，大多数文献在 2011 年前后被首次引用，这一聚类的经典文献是《Consumer perceptions of the antecedents and consequences of corporate social responsibility》。

聚类#14(remanufactured product)和聚类#26(consequence)：聚类#14 中的文献主要研究线上与线下交易渠道中顾客风险的差异，大多数文献在 2013 年前后首次被引用，这一聚类的经典文献是《Antecedents and consequences of customer satisfaction：Do they differ across online and offline purchases?》聚类#26 中的文献主要关注线上环境中顾客风险的结果变量，大多数文献在 2005 年前后被首次引用，这一聚类的经典文献是《Consumer cynicism：Antecedents and consequences》。

综上，平台市场中感知风险的相关研究可以归类为四个方面：（1）聚类#14 和聚类#26 基于线上交易市场，研究顾客风险的特点与区别；（2）聚类#0、聚类#3、聚类#6 和聚类#9，探讨了顾客感知风险的影响因素与结果变量；（3）聚类#4、聚类#7、聚类#11 和聚类#12，基于不同的研究情景探讨了平台市场中的顾客感知风险；（4）聚类#1、聚类#2、聚类#5、聚类#8 和#13，构建了顾客感知风险研究的理论框架和研究方法。

7.2.3 关键词共现

关键词是一篇文献核心观点的提炼，是对文献内容的高度概括，出现频次和中心度较高的关键词一般都是研究者共同关注的问题，能较好地代表了某个领域的研究现状。平台市场中顾客风险领域关键词共现的知识图谱如图 7.7 所示，共有 556 个节点、884 条连线，图中各个节点的大小，表示对应关键词出现频次的高低，节点越大，则说明相应的关键词出现的频次越高。

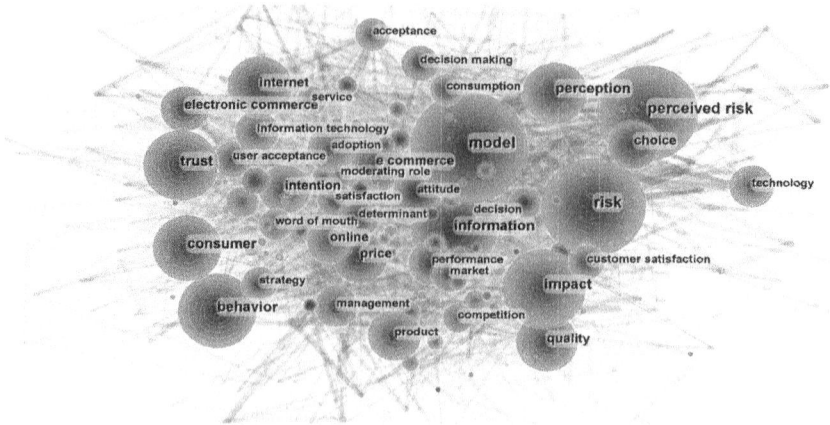

图 7.7　关键词共现的知识图谱

根据知识图谱中的数据汇总整理，得到如表 7.8 所示出现频次和中心度较高的关键词(根据出引频次排名前 30)，其中，出现频次最高的关键词是 model，其次是 perceived risk、risk、information、impact、behavior、consumer 和 trust 等。结合图 7.7 和表 7.7 可以发现，平台市场中顾客风险的研究话题不断扩大，根据关键词的分析，可以将研究文献大体归纳为如下几类：第一类是具有 perceived risk、e-commerce、platform 和 information等关键词的文献，基于平台市场中不同的研究情景，探讨了顾客感知风险出现的内在机理；第二类是具有 trust、intention 和 decision making 等关键词的文献，研究顾客感知风险的经济后果；第三类是具有 model、framework和 technology 等关键词的文献，这类文献试图构建新的研究模型、开发新的研究框架和技术。

关键词在共现网络中的中心度越大，表明该关键词与其他关键词共同出现的频次越高，则该关键词在共现网络中的影响力也就越大。由表 7.8可知，关键词出现频次与中心度之间并不存在必然的正相关关系。中心度较高的关键词有 electronic commerce、impact、information technology、online、adoption 和 attitude 等，这些关键词代表了顾客风险领域内的核心话题，且与其他话题之间存在较大的关联性。

表 7.8   关键词的出现频次和中心度 (根据出现频次排名前 30)

排序	频次	中心度	关键词	排序	频次	中心度	关键词
1	375	0.01	model	16	93	0.10	choice
2	306	0.06	perceived risk	17	92	0.14	online
3	287	0.01	risk	18	90	0.02	technology
4	206	0.02	information	19	89	0.02	decision
5	206	0.15	impact	20	89	0.12	adoption
6	182	0.01	behavior	21	87	0.06	performance
7	172	0.02	consumer	22	87	0.06	product
8	169	0.04	trust	23	82	0.09	attitude
9	154	0	perception	24	82	0.13	information technology
10	134	0.09	internet	25	79	0.11	determinant
11	111	0.01	e-commerce	26	77	0.06	decision making
12	106	0.01	quality	27	75	0.04	management
13	102	0.02	intention	28	68	0.07	satisfaction
14	100	0.04	price	29	66	0.02	strategy
15	99	0.21	electronic commerce	30	65	0.08	moderating role

7.3　热点演变与研究趋势

7.3.1　时间轴线

本小节通过关键词共现来分析顾客风险领域的研究热点，并以时区视图的方式来呈现关键词共现的知识图谱，从而揭示研究热点的演变规律，具体如图 7.8 所示，每个节点表示一个关键词，节点越大，表示出现的频次越高，节点所处的时区表示该关键词首次出现的时间，节点之间的连线表示两个关键词同时出现在同一篇文献中。由图 7.8 可知，比较重要的关键词按出现的时间顺序依次为 trust、perceived risk、information、product quality、word of mouth、privacy concern、social media 和 artificial intelligence 等。

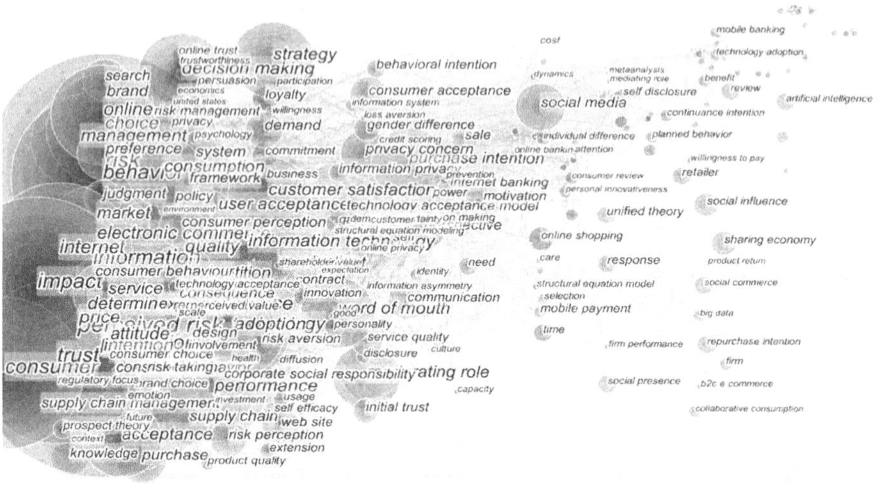

图 7.8　关键词共现的知识图谱(时区视图)

根据知识图谱中的数据汇总整理，得到如表 7.9 所示的各年份的高频关键词，关键词所对应的年份是其首次出现的时间，从表中可以看出，在 2004—2013 年这一段时期，出现的关键词大多涵盖 internet、information、trust 和 uncertainty 等，涉及顾客感知风险的研究情景与相关行为。随着平台市场和与之相关的新型商业模式的兴起，顾客风险领域出现了较多新的关键词，如 2014 年的 mobile payment、perceived quality 和 money-back guarantee 等关键词；2015 年的 mobile banking 和 service quality 等关键词；2016 年的 interactivity 和 social networking site 等关键词；2017 年的 information quality 和 elaboration likelihood model 等关键词；2018 年的 sharing economy 和 social presence 等关键词。此外，近两年又涌现出一些新的关键词，如 artificial intelligence、self regulation、circular economy、cultural difference、information avoidance 和 signaling theory 等。

表 7.9　　　　　　　　　　各年份的高频关键词

年份	关　键　词
2004	model, perceived risk, information, behavior, consumer, trust, perception, internet, price, electronic commerce, online, attitude
2005	impact, decision, product, satisfaction, service, consumption, uncertainty, consumer behavior, purchase, risk taking, knowledge, consumer choice, brand choice
2006	model, ecommerce quality, performance, market, consumer trust experience, policy, privacy, commitment, risk management, involvement, product quality, prospect theory, persuasion, source credibility, benefit-risk information balance
2007	brand familiarity, brand preference, consequence, supply chain
2008	information technology, customer satisfaction, self efficacy, perceived usefulness, service quality
2009	loyalty, risk propensity, adoption behavior, regulatory focus, perceived benefit
2010	word of mouth, privacy concern, initial trust, signal
2011	moderating role, information privacy, reputation, information security, brand loyalty
2012	repurchase intention, financial performance, credit risk, switching cost, store brand
2013	social media, perceived value, social commerce, moderator, health information
2014	mobile payment, online banking, consumer return, perceived quality, money-back guarantee
2015	mobile banking, service quality, guarantee
2016	social networking site, interactivity
2017	continuance intention, consumer privacy, information quality, elaboration likelihood model
2018	sharing economy, social presence, collaborative consumption, quick response

年份	关　键　词
2019	cross-border e-commerce，customer loyalty，banking adoption，technology adoption
2020	artificial intelligence，signaling theory，self regulation，information asymmetry
2021	cultural difference，construal level theory，information avoidance

　　通过对关键词的聚类分析来探讨顾客风险领域的研究热点，并以时区视图的方式来呈现知识图谱，具体如图 7.9 所示：关键词的聚类分析可将研究文献的关键词划分为 6 大类，从#0 到#5 分别为 information、supply chain management、trust、social marketing、shareholder value 和 privacy concern。聚类#0 中关键词的发展路径是：风险感知、信息缺乏、信号到品牌管理等，这一聚类主要针对平台市场中产生顾客感知风险的内在机理进行研究。聚类#1 中关键词的发展路径是：用户接受、信任、意愿、定价到在线银行等，这一聚类主要研究平台市场中顾客风险如何影响其对在线服务的接受意愿。聚类#3 中关键词的发展路径是：来源可信度、忠诚度、消费者参与度到在线评论，这一聚类主要探索顾客风险与信任、评论等行为之间的相互关系。此外，其中聚类#2、聚类#4 和聚类#5 的研究持续性较差，不是持续的研究热点。

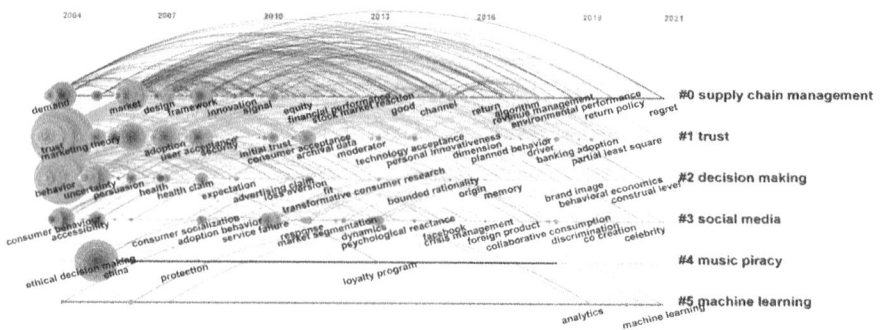

图 7.9　关键词的聚类分析（时区视图）

7.3.2 突现分析

突现文献具有较高的研究价值，能够反映某个领域研究热点的演变，本小节采用 Citespace 提供的突现检测算法，得到如表 7.10 所示的突现文献，表中标识了突现的强度，突现的起止年份，这有助于观察研究热点的演进脉络。突现文献的研究主题可以划分为如下几个方面：（1）有关顾客感知风险的研究方法与理论框架的探索，如 TAM（technology acceptance model）和 UTAUT（unified theory of acceptance and use of technology）；（2）探讨顾客风险的影响因素，如声誉、信息质量和隐私政策等；（3）研究顾客感知风险的行为结果，如预测顾客的采纳意愿、购买意愿和信息技术接受度等。

表 7.10　　　　　　　突现文献（根据开始年份排名前 20）

序号	第一作者（姓）	文献标题	突现强度	开始年	结束年
1	Thaler	Mental accounting and consumer choice	6.38	2008	2013
2	Pavlou	Consumer acceptance of electronic commerce: Integrating trust and risk with the technology acceptance model	7.7	2006	2008
3	Gefen	Trust and TAM in online shopping: An integrated model	6.51	2006	2008
4	Pavlou	Building effective online marketplaces with institution-based trust	4.96	2006	2009
5	Kim	A trust-based consumer decision-making model in electronic commerce: The role of trust, perceived risk, and their antecedents	7.56	2010	2013

续表

序号	第一作者（姓）	文献标题	突现强度	开始年	结束年
6	Pavlou	Understanding and mitigating uncertainty in online exchange relationships: A principal-agent perspective	5.93	2010	2012
7	Dinev	An extended privacy calculus model for e-commerce transactions	5.27	2010	2011
8	Luo	Examining multi-dimensional trust and multi-faceted risk in initial acceptance of emerging technologies: An empirical study of mobile banking services	5.59	2011	2015
9	Schierz	Understanding consumer acceptance of mobile payment services: An empirical analysis	4.59	2014	2015
10	Yang	Mobile payment services adoption across time: An empirical study of the effects of behavioral beliefs, social influences, and personal traits	4.5	2014	2017
11	Venkatesh	Consumer acceptance and use of information technology extending the unified theory of acceptance and use of technology	6.52	2015	2017
12	Spiller	Spotlights, floodlights, and the magic number zero: Simple effects tests in moderated regression	5.51	2015	2017
13	Dinev	Information privacy and correlates: An empirical attempt to bridge and distinguish privacy-related concepts	4.74	2015	2018
14	Martins	Understanding the internet banking adoption: A unified theory of acceptance and use of technology and perceived risk application	4.50	2015	2016
15	Hayes	Introduction to mediation, moderation, and conditional process analysis	10.63	2018	2019

序号	第一作者（姓）	文献标题	突现强度	开始年	结束年
16	Nepomuceno	How to reduce perceived risk when buying online：The interactions between intangibility，product knowledge，brand familiarity，privacy and security concerns	4.26	2016	2019
17	Thakur	Adoption readiness，personal innovativeness，perceived risk and usage intention across customer groups for mobile payment services in India	4.49	2017	2019
18	Chiu	Understanding customers' repeat purchase intentions in B2C e-commerce：The roles of utilitarian value，hedonic value and perceived risk	6.77	2018	2019
19	Henseler	A new criterion for assessing discriminant validity in variance-based structural equation modeling	6.69	2018	2021
20	Slade	Modeling consumers' adoption intentions of remote mobile payments in the United Kingdom：Extending UTAUT with innovativeness，risk，and trust	7.89	2019	2021

　　除了文献突现以外，还可以运用关键词突现来跟踪研究热点的演变，利用 Citespace 探测短时间内出现频次迅速增加的关键词，这可以在很大程度上体现学者们研究热点的变化。表 7.11 列出了出现频次激增的关键词，表中标识了突现的强度，突现的起止年份，这有助于观察研究热点的演进脉络。由表 7.11 可知，大部分关键词突现已经结束，如"信息""产品质量""风险管理""忠诚""网站"和"电子商务"等，这些关键词曾是当时阶段的研究热点。还有一部分关键词的突现尚未结束，如"社交媒体""共享经济""统一理论"和"回购意愿"等，这些关键词将成为现在以及未来一段时间的研究热点。

表 7.11   突现关键词(根据开始年份排名前 20)

序号	关键词	突现强度	开始年	结束年
1	information	9.2	2004	2011
2	behavior	6.1	2004	2009
3	attitude	5.4	2004	2009
4	consumer behavior	5.18	2004	2012
5	knowledge	4.39	2005	2008
6	risk management	4.59	2006	2009
7	promotion	6.14	2007	2014
8	strategy	3.92	2008	2009
9	loyalty	5.93	2009	2014
10	product quality	4.85	2010	2014
11	credit scoring	4.01	2011	2014
12	word of mouth	4.33	2013	2018
13	online shopping	5.75	2014	2017
14	individual difference	4.33	2015	2016
15	information privacy	4.86	2017	2018
16	moderation role	5.59	2018	2019
17	sharing economy	4.64	2018	2021
18	social media	4.12	2018	2021
19	purchase intention	3.82	2018	2021
20	unified theory	6.26	2019	2021

7.3.3 趋势预测

本小节采用战略图的方式来绘制顾客风险领域关键词的分布,从而进行研究趋势的预测,具体如图 7.10 所示:以关键词的出现频次作为 X 轴,

以关键词的中心度作为 Y 轴,原点代表频次和中心度的中值,分析可知:

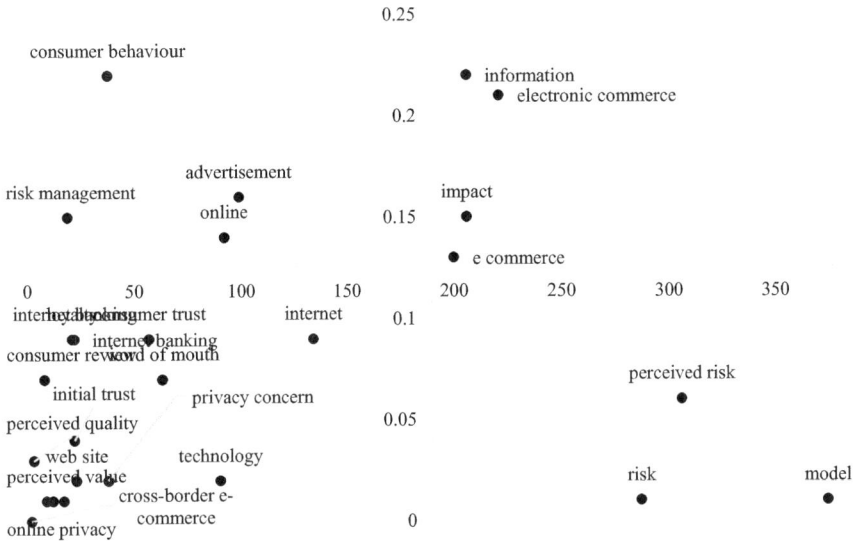

图 7.10　顾客风险领域的关键词分布

1. 第一象限：主流话题

第一象限的关键词具有较高的频次与中心度的特点,代表了当前研究的主流话题,并且与其他话题的关联度较高。根据图 7.10 发现,平台市场中的顾客风险领域出现第一象限的关键词只有"信息""影响"和"电子商务"等,这说明顾客风险领域虽然取得了一定的研究成果,但是目前还没有形成系统的研究话题。

2. 第二象限：高潜热点

第二象限的关键词具有低频次与高中心度的特点,代表了具有较高潜力的热点话题，根据图 7. 10 发现，平台市场中的顾客风险领域中的"风险管理""顾客行为"和"线上"等关键词属于第二象限，这些将是未来一段时间来的热点话题。

3. 第三象限：孤岛话题

第三象限的关键词既不具备高频次，也不具有高中心度，代表了研究的孤岛话题，根据图 7. 10 发现，平台市场中的顾客评论领域的孤岛话题较多，这一方面说明相关研究还相对割裂，另一方面也说明这些关键词出现的时间还比较短，未来可能成为新兴的研究热点，比如"跨境电商""初始信任"和"隐私担忧"等。

4. 第四象限：边缘话题

第四象限的关键词具有高频次与低中心度的特征，代表了研究的边缘话题，比如"模型""风险"和"感知风险"等，这些关键词反映的研究话题与其他话题的关联度不高，是相对独立的研究话题。

参考文献

[1] Conchar M P, Zinkhan G M, Peters C, Olavarrieta S. An integrated framework for the conceptualization of consumers' perceived-risk processing [J]. Journal of the Academy of Marketing Science, 2004, 32(4)：418-436.

[2] Meents S, Verhagen T. Reducing consumer risk in electronic marketplaces：The signaling role of product and seller information[J]. Computers in Human Behavior, 2018, 86：205-217.

[3] Glover S, Benbasat I. A comprehensive model of perceived risk of e-commerce transactions[J]. International Journal of Electronic Commerce,

2010, 15(2): 47-78.

[4] Cases A S. Perceived risk and risk-reduction strategies in Internet shopping [J]. The International Review of Retail, Distribution and Consumer Research, 2002, 12(4): 375-394.

[5] Featherman M S, Pavlou P A. Predicting e-services adoption: a perceived risk facets perspective [J]. International Journal of Human-Computer Studies, 2003, 59(4): 451-474.

[6] Lim N. Consumers' perceived risk: Sources versus consequences [J]. Electronic Commerce Research and Applications, 2003, 2(3): 216-228.

[7] Yang Q, Pang C, Liu L, Yen D C, Tarn J M. Exploring consumer perceived risk and trust for online payments: An empirical study in China's younger generation[J]. Computers in Human Behavior, 2015, 50: 9-24.

[8] Gist M E, Mitchell T R. Self-efficacy: A theoretical analysis of its determinants and malleability[J]. Academy of Management Review, 1992, 17(2): 183-211.

[9] Forsythe S M, Bo S. Consumer patronage and risk perceptions in Internet shopping[J]. Journal of Business Research, 2004, 56(11): 867-875.

[10] Miyazaki A D, Fernandez A. Consumer perceptions of privacy and security risks for online shopping[J]. Journal of Consumer Affairs, 2001, 35(1): 27-44.

[11] Aghekyan-Simonian M, Forsythe S, Kwon W S, Chattaraman V. The role of product brand image and online store image on perceived risks and online purchase intentions for apparel [J]. Journal of Retailing and Consumer Services, 2012, 19(3): 325-331.

[12] Hsieh M T, Tsao W C. Reducing perceived online shopping risk to enhance loyalty: A website quality perspective[J]. Journal of Risk Research, 2014, 17(2): 241-261.

[13] Chen Y, Yan X B, Fan W G, Gordon M. The joint moderating role of

trust propensity and gender on consumers' online shopping behavior [J].
Computers in Human Behavior, 2015, 43: 272-283.

[14] Thaler R. Mental accounting and consumer choice[J]. Marketing Science,
1985, 4(3): 199-214.

[15] Slade E L, Dwivedi Y K, Piercy N C, Williams M D. Modeling consumers'
adoption intentions of remote mobile payments in the United Kingdom:
Extending UTAUT with innovativeness, risk, and trust[J]. Psychology &
Marketing, 2015, 32(8): 860-873.

[16] Alalwan A A, Dwivedi Y K, Rana N P. Factors influencing adoption of
mobile banking by Jordanian bank customers: Extending UTAUT2 with trust
[J]. International Journal of Information Management, 2017, 37(3): 99-
110.

[17] Dwivedi Y K, Rana N P, Jeyaraj A, Clement M, Williams M D. Re-
examining the unified theory of acceptance and use of technology
(UTAUT): Towards a revised theoretical model[J]. Information Systems
Frontiers, 2019, 21(3): 719-734.

[18] Luo X, Li H, Zhang J, Shim J P. Examining multi-dimensional trust and
multi-faceted risk in initial acceptance of emerging technologies: An
empirical study of mobile banking services[J]. Decision Support Systems,
2010, 49(2): 222-234.

[19] Bai Y, Yao Z, Dou Y F. Effect of social commerce factors on user purchase
behavior: An empirical investigation from renren. com [J]. International
Journal of Information Management, 2015, 35(5): 538-550.

[20] Pan Y, Zinkhan G M. Exploring the impact of online privacy disclosures on
consumer trust[J]. Journal of Retailing, 2006, 82(4): 331-338.

[21] Hult G T M, Sharma P N, Morgeson F V, Zhang Y. Antecedents and
consequences of customer satisfaction: Do they differ across online and
offline purchases? [J]. Journal of Retailing, 2019, 95(1): 10-23.

[22] Tibert V, Selmar M, Tan Y. Perceived risk and trust associated with purchasing at electronic marketplaces[J]. European Journal of Information Systems, 2006, 15(6): 542-555.

[23] Gu J, Xu Y C, Xu H. Privacy concerns for mobile app download: An elaboration likelihood model perspective[J]. Decision Support Systems, 2017, 94: 19-28.

[24] Choi T M, Guo S, Liu N, Shi X. Optimal pricing in on-demand-service-platform-operations with hired agents and risk-sensitive customers in the blockchain era[J]. European Journal of Operational Research, 2020, 284 (3): 1031-1042.

[25] Stanaland A J S, Lwin M O, Murphy P E. Consumer perceptions of the antecedents and consequences of corporate social responsibility[J]. Journal of Business Ethics, 2011, 102(1): 47-55.

[26] Liébana-Cabanillas F, Sánchez-Fernández J, Muñoz-Leiva F. Antecedents of the adoption of the new mobile payment systems: The moderating effect of age[J]. Computers in Human Behavior, 2014, 35: 464-478.

附　　录

一、期刊目录

研究领域	期刊目录
Information Management（信息管理）	*MIS Quarterly* OR *Information Systems Research* OR *Journal of Management Information Systems* OR *Informs Journal on Computing* OR *Journal of the Association for Information Systems* OR *European Journal of Information Systems* OR *Information Systems Journal* OR *Journal of Information Technology* OR *Journal of Strategic Information Systems* OR *Decision Support Systems* OR *Government Information Quarterly* OR *Information and Management* OR *Information and Organization* OR *Information Society* OR *Information Systems Frontiers* OR *Information Technology & People* OR *International Journal of Electronic Commerce* OR *Internet Research* OR *Journal of Computer-Mediated Communication* OR *Multimedia for Information Science and Technology* OR *AIS Transactions on Human-Computer Interaction* OR *Annual Review of Information Science and Technology* OR *behavior and Information Technology* OR *British Journal of Educational Technology* OR *Business & Information Systems Engineering* OR *Communications of the ACM* OR *Communications of the*

续表

研究领域	期刊目录
Information Management（信息管理）	*Association for Information Systems* OR *Computer Journal* OR *Computer Supported Cooperative Work-The Journal of Collaborative Computing and Work Practices* OR *Computers in Human Behavior* OR *Electronic Commerce Research* OR *Electronic Commerce Research and Applications* OR *Enterprise Information Systems* OR *Expert Systems* OR *Health Information and Libraries Journal* OR *Health Systems* OR *Industrial Management & Data Systems* OR *Information Processing & Management* OR *Information Systems and e-Business Management* OR *Information Systems Management* OR *Information Technology for Development* OR *Interacting with Computers* OR *International Journal of Human Computer Studies* OR *International Journal of Information Management* OR *Journal of Computer Information Systems* OR *Journal of Documentation* OR *Journal of Enterprise Information Management* OR *Journal of Global Information Management* OR *Journal of Global Information Technology Management* OR *Journal of Information Science* OR *Journal of Systems and Software* OR *MIS Quarterly Executive* OR *Pacific Asia Journal of the Association for Information Systems* OR *Requirements Engineering* OR *Scandinavian Journal of Information Systems* OR *Data Base for Advances in Information Systems*
Marketing（市场营销）	*Journal of Consumer Psychology* OR *Journal of Consumer Research* OR *Journal of Marketing* OR *Journal of Marketing Research* OR *Journal of the Academy of Marketing Science* OR *Marketing Science* OR *International Journal of Research in Marketing* OR *Journal of Retailing* OR *European Journal of Marketing* OR *Industrial Marketing Management* OR *International Marketing Review* OR *Journal of Advertising* OR *Journal of Advertising Research* OR *Journal of Interactive Marketing* OR *Journal of International Marketing* OR *Journal of Public Policy Marketing* OR *Marketing Letters* OR *Marketing Theory* OR *Psychology Marketing* OR *QME-Quantitative Marketing and Economics*

续表

研究领域	期刊目录
Operations Management（运营管理）	*Journal of Operations Management* OR *International Journal of Operations and Production Management* OR *Journal of Supply Chain Management* OR *Production and Operations Management* OR *M&SOM-Manufacturing & Service Operations Management* OR *Management Science* OR *Operations Research* OR *European Journal of Operational Research* OR *IEEE Transactions on Evolutionary Computation* OR *Mathematical Programming* OR *Computers in Industry* OR *IEEE Transactions on Engineering Management* OR *International Journal of Production Economics* OR *International Journal of Production Research* OR *Journal of Business Logistics* OR *Journal of Purchasing and Supply Management* OR *Production Planning and Control* OR *supply chain management an international journal* OR *ACM Transactions on Modeling and Computer Simulation* OR *Annals of Operations Research* OR *Computational Optimization and Applications* OR *Computers and Operations Research* OR *Decision Sciences* OR *Evolutionary Computation* OR *IEEE Transactions on Cybernetics* OR *IEEE Transactions on Systems, Man, and Cybernetics：Systems* OR *IIE Transactions* OR *International Journal of Forecasting* OR *Journal of Heuristics* OR *Journal of Optimization Theory and Applications* OR *Journal of the Operational Research Society* OR *Mathematics of Operations Research* OR *Naval Research Logistics* OR *Omega-International Journal of Management Science* OR *Spectrum* OR *Reliability Engineering and System Safety* OR *SIAM Journal on Optimization* OR *Transportation Science*
General Management（一般管理）	*Academy of Management Annals* OR *Academy of Management Journal* OR *Academy of Management Review* OR *Administrative Science Quarterly* OR *Journal of Management* OR *Academy of Management Perspectives* OR *British Journal of Management* OR *Business Ethics Quarterly* OR *Journal of Management Studies* OR *Human Resource Management Journal* OR *British Journal of Industrial Relations* OR *Human Resource Management* OR *Industrial*

研究领域	期刊目录
Operations Management（运营管理）	*Relations* OR *Work, Employment and Society* OR *Journal of International Business Studies* OR *Organization Science* OR *Human Relations* OR *Leadership Quarterly* OR *Organization Studies* OR *Strategic Management Journal* OR *Global Strategy Journal* OR *Academy of Management Discoveries* OR *Business & Society* OR *California Management Review* OR *European Management Review* OR *Gender Society* OR *Gender, Work and Organization* OR *Harvard Business Review* OR *International Journal of Management Reviews* OR *Journal of Business Ethics* OR *Journal of Business Research* OR *Journal of Management Inquiry* OR *MIT Sloan Management Review* OR *Economic and Industrial Democracy* OR *European Journal of Industrial Relations* OR *Human Resource Management Review* OR *ILR Review* OR *Industrial Law Journal* OR *Industrial Relations Journal* OR *International Journal of Human Resource Management* OR *New Technology, Work and Employment* OR *Work and Occupations* OR *African Affairs* OR *Asia Pacific Journal of Management* OR *International Business Review* OR *Journal of Common Market Studies* OR *Journal of International Management* OR *Management and Organization Review* OR *Management International Review* OR *Group & Organization Management* OR *Organization* OR *Organization & Environment* OR *Organizational Dynamics* OR *Research in Organizational Behavior* OR *Research in the Sociology of Organizations* OR *Long Range Planning* OR *Strategic Organization*

二、检索关键词

章节	关　键　词
第一章	sharing economy OR share economy OR shared economic OR sharing economic OR collaborative economy OR shared economy OR sharing economy OR share economic OR collaborative consumption OR big economy OR access-based consumption OR peer-to-peer economy

章节	关　键　词
第二章	crowdsourcing OR online crowdsourcing OR internet-based crowdsourcing OR IT-enabled crowdsourcing OR service crowdsourcing OR network crowdsourcing OR the network crowdsourcing mode OR network crowd pack
第三章	crowdfunding OR reward-based OR crowdfunding OR Kickstarter OR equity-based crowdfunding OR crowdfunding mechanism
第四章	Trust AND "online OR internet OR e-commerce OR electronic commerce OR e-markets OR electronic markets OR e- marketplaces OR electronic marketplaces OR digital markets OR digital marketplaces OR mobile commerce"
第五章	Privacy AND "online OR internet OR e-commerce OR electronic commerce OR e-markets OR electronic markets OR e-marketplaces OR electronic marketplaces OR digital markets OR digital marketplaces OR mobile commerce"
第六章	online customer review OR customer review OR user review OR user comments OR consumer-generated content OR user-generated content ORelectronic word-of-mouth OR electronic word of mouth OR eWOM OR online review OR online word of mouth OR Internet word of mouth OR online recommendation OR online opinion OR virtual word-of-mouth OR product review OR online product review
第七章	consumer risk AND "online OR internet OR e-commerce OR electronic commerce OR e-markets OR electronic markets OR e-marketplaces OR electronic marketplaces OR digital markets OR digital marketplaces OR mobile commerce"